I0825819

ÉTUDES ARCHÉOLOGIQUES

SUR LES FAMILLES DU NOM DE LA PORTE.

LA FAMILLE

DE LA PORTE D'ISSERTIEUX

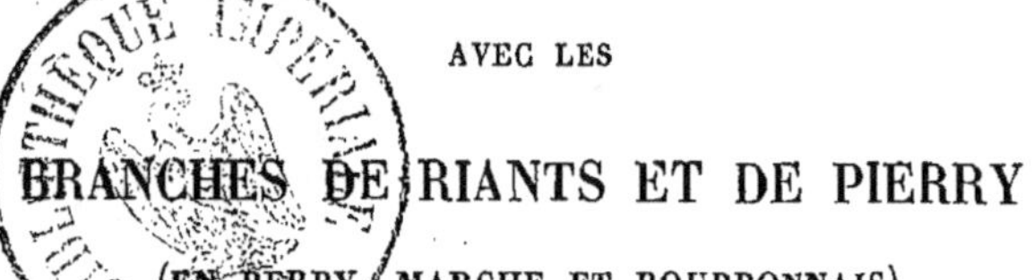

AVEC LES

BRANCHES DE RIANTS ET DE PIERRY

(EN BERRY, MARCHE ET BOURBONNAIS)

PAR

ARMAND DE LA PORTE

PARIS

CHEZ DUMOULIN, LIBRAIRE

DE LA SOCIÉTÉ IMPÉRIALE DES ANTIQUAIRES DE FRANCE,

13, quai des Grands-Augustins, 13.

1865

GÉNÉALOGIE

DE

LA FAMILLE DE LA PORTE D'ISSERTIEUX

AVEC LES BRANCHES DE RIANTS ET DE PIERRY.

La famille de la Porte d'Issertieux, — de Briou ou Riants — et de Pierry, a pour armes : *d'or à la bande d'azur* (1). L'écu timbré d'une couronne de comte (aujourd'hui marquis) est tenu par deux sauvages de carnation, armés de massues, avec la devise : *gardiatores de porta* (armoiries peintes sur la maintenue de 1716 signée de Martangis). Le dessin représenté ci-dessus est tiré d'une pierre sculptée fort ancienne qui surmontait autrefois

(1) Les mêmes armoiries sont portées par les de la Porte de Vaulx (Artois), qui se croient originaires du Berry, les de la Balme, de Montredon, de Trie, de Godaille, et peut-être d'autres familles.

le portail du château d'Issertieux et se trouve aujourd'hui à l'entrée de la chapelle.

La substitution de Guy-François de la Porte au dernier marquis de Riants, en 1745, a permis à sa branche d'écarteler ses armes aux 2 et 3 *d'azur semé de trèfles d'or à deux bars adossés de même*, qui est Riants, et deux licornes pour supports.

La branche de Pierry a remplacé les tenants par des lions et ajouté au timbre, en revenant aux armes primitives, un casque avec une tête de cheval pour cimier.

Cette maison est une des plus anciennes et des plus considérables du Berry où elle se distingua non-seulement par ses services militaires, mais aussi par ses vertus héréditaires, ses grands biens, ses alliances et ses fondations pieuses. Ses armes se rencontrent à chaque pas dans les châteaux de Bannegon, Thaumiers, Pierry, Briou et plusieurs autres qui lui ont appartenu, ainsi que dans l'église de Chaumont, sépulture ordinaire de la famille, dont le prieur était à la nomination des seigneurs d'Issertieux.

Une tradition respectable sinon certaine veut qu'elle ait une origine italienne et soit sortie de Salerne. Si la migration a eu lieu, elle doit remonter à une haute antiquité, car une vieille chronique, écrite en l'an 1000 et conservée jusqu'en 1791 dans les archives de l'ancien chapitre de Sainte-Oustrille du château de Bourges, faisait déjà mention d'un de la Porte en ces termes : *De Porta miles ex antiquissimo genere natus*. Suivant les mêmes autorités, un certain Béraud de la Porte aurait été, sous le roi Hugues Capet, le tronc de trois grandes branches, 1° celle de Bannegon et Poligny, qui s'est éteinte dans le XIVe siècle ; 2° celle de Pesselières, à laquelle était attachée la dignité de maréchal des comtes de Sancerre ; et 3° celle d'Issertieux.

Il est certain qu'en parcourant la *Gallia christiana* et le *cartulaire de l'évêché de Bourges*, on y trouve très-souvent parmi les bienfaiteurs du clergé et les officiers de la ville à cette époque, des de la Porte qui pourraient bien se rattacher à la maison qui nous occupe. Le prudent CHÉRIN lui-même semble incliner vers cette opinion, quand il dit dans une lettre à M. de Vergennes, conservée à la Bibliothèque impériale: « Cette maison prouve son existence depuis le commencement du XIe siècle et sa filiation, depuis 1291. »

Nous ne pouvons établir une filiation irréfutable que depuis 1289, mais on la remonte sans difficulté jusqu'à ETIENNE qui vivait en 1207.

Le manoir d'Issertieux, situé dans la paroisse de Chalivoy-Milon, bailliage de Dun-le-Roy, en Berry n'est jamais sorti de la famille. Ses maîtres ont possédé, à diverses époques, un grand nombre d'autres fiefs. Mais lorsque les partages ou les circonstances de fortune ont nécessité des sacrifices, Issertieux, la vieille maison chemière a toujours été respectée, et aujourd'hui encore elle est habitée par la 20e génération issue de son fondateur.

C'est un des plus jolis comme des plus anciens châteaux de la province. Situé au milieu des bois, dans une contrée fraîche et verdoyante, il semble n'avoir rien perdu de son antique splendeur. Il est formé de deux corps de logis. L'un très-vieux, flanqué de tours et de tourelles, et présentant encore au milieu des vignes vierges qui tapissent ses murs et des grands arbres qui les protégent, des vestiges bien conservés de ses fossés d'eaux vives, de son pont-levis, de ses machicoulis, de son beffroi et des herses qui défendaient sa porte monumentale, reçut suivant les ordonnances de Charles VII et de Louis XI une restauration importante sous Odart de la Porte, pannetier du roi à la cour de Bourges. Le deuxième corps, séparé du premier par une cour fermée, et relié à lui par des galeries élégantes, est de style moderne. Il appartient à l'époque de Louis XIV et fut construit en 1656, par Jean de la Porte, écuyer de la petite écurie sur l'emplacement d'une grosse tour ruinée par l'incendie. Cette partie est aujourd'hui la plus particulièrement habitée et sa riche installation répond à l'hospitalité antique et charmante qu'on y reçoit.

Les auteurs s'accordent à écrire le nom *de la Porte d'Issertieux* comme il est indiqué ici : ils ne sont pas aussi unanimes sur la qualification qu'on doit lui donner. Les premières générations portaient le titre d'écuyer et damoiseau. Jean commença à prendre celui de chevalier vers 1635. La maintenue de 1716 joint au dessin des armoiries une couronne de comte; enfin Joseph René, à partir de 1744, put porter dans les actes relatifs à la succession de Françoise de Culant le titre de marquis, sans que le Parlement, ordinairement si chatouilleux en ces matières, ait paru en prendre ombrage. La tolérance a, depuis lors, remplacé le droit ; c'est avec la qualification de marquis que Joseph-Antoine de la Porte d'Issertieux fut inscrit sur le catalogue officiel des gentilshommes électeurs du Berry en 1789 et que son cousin Guy-François-Henri de la Porte de Riants fut présenté à la cour dans la même année.

NOMS ISOLÉS.

PORTE (Béraud DE LA) seigneur de Bannegon, fut donné comme caution de l'église de Saint-Sylvain de Chalivoy, en 1032.

PORTE (Sadon DE LA) et ses fils signèrent l'acte par lequel Humbault de Sully et Gilon, son frère, rendirent à l'abbaye de Saint-Sulpice l'église de la Chapelle-d'Angilon, en 1064.

PORTE (Eudes DE LA) consentit à la cession faite aux religieux de Saint-Sulpice par Mathieu de Marigny, des droits qui se levaient à la porte Neuve et à la porte Gordaine de Bourges, en 1118.

PORTE (Odon DE LA) engagea en 1169 une partie de ses biens à l'abbaye de Saint-Satur pour aller secourir les chrétiens en Palestine.

PORTE (Odonnet DE LA) damoiseau, seigneur de Bannegon, fut un de ceux qui jurèrent devant l'archevêque de Bourges, Jean de Sully, de renoncer aux guerres privées, en 1262.

PORTE (Bernard DE LA) seigneur de Rauches, ancien chevalier, fit devant l'official de Bourges un accord avec le comte de Sancerre au sujet du droit de monnayage qu'il avait sur les pièces fabriquées à Sancerre, vers 1288.

PORTE (Jean DE LA) seigneur de Rauches, et Isabeau de Charenton, sa femme, firent un partage avec Jean de Sancerre, en 1310, sous le scel de Bourges.

PORTE (Louis DE LA) était le premier des six chevaliers bacheliers de la compagnie de Jean de Sancerre, dans la montre faite à Saint-Aignan en 1370.

PORTE (Huguenin DE LA) écuyer, seigneur de Champroux, reçut à hommage André des Barres, écuyer, en 1374, et épousa Jeanne des Bois en 1378.

FILIATION SUIVIE.

§ Ier DE LA PORTE (BRANCHE D'ISSERTIEUX).

I. — **PORTE** (Étienne DE LA) que l'on considère comme la souche de tous les de la Porte qui depuis ont successivement possédé la seigneurie d'Issertieux, commence à paraître en 1207, époque où il fit une vente aux religieux de l'abbaye de Font-Marigny. Il fit plus tard une autre vente de la dîme de Chalivoy, qui dépendait de la seigneurie d'Issertieux, à Gilbert de Mellon ou Meillant, et vivait encore en 1257, époque où il faisait quelques acquisitions de terrain. Il avait épousé une femme du nom de JULIENNE dont il eut entre autres enfants :

1° HUMBAULT, qui paraît avoir épousé avant 1231 une femme du nom de MARGUERITE, et vers 1247 contracté un autre mariage avec JEANNE DE FAYE. Il vivait encore en 1269. De lui naquirent deux enfants :

SIMON qui embrassa l'état ecclésiastique et devint prieur de Chaumont. Il vivait encore en 1337.

JEAN, qui testa en 1282, mourut sans postérité et fut enterré à Chaumont, laissant sa fortune à ses oncles Hervelin et Étienne.

2° HERVELIN, qui suit.

3° ÉTIENNE, nommé dans un partage comme père d'autre ÉTIENNE.

II. — **PORTE** (Hervelin DE LA) seigneur d'Issertieux, avait épousé vers 1253 ANNORDE DE SEULLY. Dans le partage qui fut fait des biens de son neveu Jean en 1282, la terre d'Issertieux lui échut. Il mourut vers 1290, laissant entre autres enfants PERRIN qui suit.

III. — **PORTE** (Perrin DE LA) damoiseau, seigneur d'Issertieux, après la mort de son père en 1291, fit avec son cousin germain Étienne, fils d'autre Étienne, un nouveau partage de la succession de Jean fils d'Humbault. La possession d'Issertieux lui fut confirmée dans cette pièce. Il fit de nouvelles acquisitions en 1294, et ne mourut que vers 1313. Il avait épousé en 1289 Isabelle Segaut de Teneuille, dont il eut deux fils qu'il envoya étudier à Blois :

1° JEAN, damoiseau, seigneur en partie d'Issertieux, qui épousa en 1326 Simonne d'Anglade, et passa sa vie avec son frère au manoir paternel jusqu'à ce que la succession d'Isabelle de Pierry leur tante, en 1348, leur fournît l'occasion d'un partage. Jean mourut vers 1374. Après lui, sa fortune et sa seigneurie passèrent à son fils Jean, qui mourut sans postérité en 1388, après avoir testé en faveur de Denis de Beaumont, son cousin.

2° PERRIN, qui suit.

IV. — **PORTE** (Perrin de la), damoiseau, seigneur en partie d'Issertieux, de concert avec son frère Jean, échangea en 1337, à frère Simon de la Porte, prieur du monastère de N.-D. de Chaumont, une dîme contre un moulin et un étang que celui-ci possédait dans leur domaine. La succession d'Isabelle de Pierry, en 1348, amena entre lui et son frère un partage qui fut l'origine d'une véritable guerre. Perrin avait épousé, avant 1343, Marguerite de Veurre ou Venero qui lui apporta pour sa part d'hoirie l'hôtel et manoir de Boisberruyer. L'un et l'autre vivaient encore en 1369. De leur mariage naquirent :

1° JEAN, qui suit.

2° PHILIPPE, épouse de Jean Troussebois, seigneur d'Alarde, qui partagea avec son frère l'héritage paternel le 16 juillet 1369.

V. — **PORTE** (Jean de la), écuyer, seigneur d'Issertieux, avait eu, dans le partage qu'il fit avec sa sœur en 1369, les châteaux de Pierry et Boisberruyer. Il y ajouta, en 1388, moyennant une rente annuelle de 19 francs d'or, la part dans la possession d'Issertieux que son cousin Jean, fils d'autre Jean, avait en mourant léguée à Denis de Beaumont, et devint ainsi seul seigneur de cette terre. Mais, à peine en avait-il pris possession en 1389, que deux chevaliers du voisinage, Guichard et Jean de Chateaumorand, se liguèrent pour l'en expulser, et il ne fallut rien moins qu'un ordre formel du roi Charles VI pour le faire rentrer dans ses droits. Jean de la Porte jouissait paisiblement de sa fortune, lorsqu'en 1403 il donna un dénombrement des terres d'Issertieux et Pierry à messire Aubert, seigneur de Saint-

Quentin, comte de Blet. En 1411, il rendit également hommage au duc de Bourbonnais pour son manoir de Boisberruyer. Il épousa en 1388 Isabeau Gaspias, dont il eut un seul fils, Jean, et, en secondes noces, Jeanne de Troussebois, dont il eut sept enfants. Dans son testament, en date de 1417, il est mention de la sépulture qu'il s'est choisie au chapitre de Chaumont, et de divers legs pieux aux ordres mendiants de Bourges et aux églises du voisinage. On cite parmi sa postérité :

1° JEAN, né d'Isabeau, qui fut marié en 1407 à Jeanne de Molins. Il était déjà mort en 1417. Ses enfants, Philippon, Jeanne et Pierre sont désignés dans le testament de leur grand-père, mais ne reparaissent plus dans les chartes qui nous ont été confiées, à l'exception de

Pierre qui prit le nom de de la Porte de Pesselières et les Deux-Lions, reçut un hommage en 1462, et laissa pour fils Claude de la Porte des Deux-Lions, dont la trace se perdit.

2° ODART, qui suit ;

3° PIERRE, religieux à la Charité ;

4° CATHERINE, qui épousa Jean Segaud, en 1404 ;

5° LOUISE, qui épousa d'abord Jean d'Aloigny, et plus tard Philippe de Mauvoisin.

VI. — **PORTE** (Odart de la), écuyer, avait embrassé de bonne heure la carrière militaire. Son père, en mourant, lui légua la tutelle de ses jeunes neveux déjà orphelins. C'est en cette qualité et aussi pour Catherine, sa sœur, qu'il rendit hommage au duc de Bourbonnais, le 9 juillet 1417, et qu'il fit au seigneur de Blet le dénombrement de la terre d'Issertieux et de sa forteresse en 1441. En 1424, il reçut du roi Charles VII, alors fixé à Bourges, des lettres de retenue de l'office de pannetier. En 1432, il vendit, moyennant 200 livres d'or vieux, son manoir de Pierry et ses appartenances à Jean de Baugis ou Bougié, probablement pour subvenir à quelques frais de guerre, car, trois ans après, nous le trouvons prisonnier des ennemis du royaume à la Charité-sur-Loire, et obligé d'emprunter, pour sa rançon, 100 écus d'or de 64 au marc. En 1436, le roi le récompensa de sa valeur par l'office de capitaine de Lespau-en-Combailles. On lui doit une restauration du manoir d'Issertieux. Il mourut en 1446, laissant de Marguerite de Mauvoisin, qu'il avait épousée en 1420,

1° JEAN, qui suit ;

2° PHILIBERT, qui épousa N. Maréchal en 1446, et dont la trace est perdue.

VII. — **PORTE** (Jean de la), écuyer, seigneur d'Issertieux, paraît avoir profité d'arrangements de famille pour garder la maison chemière d'Issertieux, malgré l'existence de ses cousins Pierre et Philippon, qui représentaient le droit d'aînesse, puisque Pierre ne figure dans les actes que comme seigneur de Pesselières. Il fut nommé chevalier de l'ordre du Camail par Charles, duc d'Orléans, père du roi Louis XII, en 1441, fit retrait, en 1559, d'une rente de 5 écus d'or que son père avait constituée à Jean de Baugis pour prêt de la somme nécessaire à sa rançon ; obtint, en 1470, l'emploi d'écuyer d'écurie du roi, et servait dans les compagnies d'ordonnances aux guerres de Picardie, lorsqu'il fit son testament à Beauvais, en 1474. Depuis 1457, une permission du légat du pape l'autorisait à se confesser et entendre la messe dans sa maison. Il avait épousé, jeune encore, en 1435, Jeanne Guitois d'Arquin, fille de Jehan et d'Annette de Chavaignac, dont il eut :

1° PIERRE, qui suit ;

2° MARGUERITE, qui paraît avoir épousé Philippe de la Marche, avant 1467;

3° CHARLES, dont les alliances et la descendance sont inconnues. Il était licencié ès-lois en 1477, et devint écuyer, conseiller et maître des requêtes du roi, place qu'il occupait en 1482.

VIII. — **PORTE** (Pierre de la), écuyer, seigneur d'Issertieux, fut d'abord écuyer du duc de Bretagne, car c'est avec ce titre qu'il figure dans la transaction faite avec son frère en 1482, au sujet de la succession paternelle ; il devint ensuite ambassadeur à Naples, gouverneur de Cussi en Nivernais, maître d'hôtel des rois Louis XI, Charles VIII et Louis XII, et mourut en 1500. On trouve dans ses titres une bulle du pape lui conférant le droit de chapelle et celui de se faire absoudre des cas réservés, par tout confesseur de son choix. Il avait épousé en 1482 Magdeleine de la Condamine, fille de Jean, écuyer, seigneur du Bouchat, dont il eut ;

1° SIMON, qui suit ;

2° PIERRE, qui fut évêque de Rieux ;

3° GILBERT, écuyer, seigneur d'Augy et de Briou, qui épousa

en 1524 Gilberte de Franchières, dont naquirent deux enfants :

Guichard, marié avant 1565 à Louise de la Couldre, qui le rendit père d'autre Louise, laquelle épousa son cousin François de la Porte d'Issertieux en 1583.

Georgette, qui épousa Gilbert de Marcassat en 1553.

4° JOSEPH, qui passa accord avec ses frères au sujet de la succession paternelle en 1511;

5° JEANNE, fille d'honneur de la reine Anne, mariée à Antoine de la Roche-Chaudry;

6° GABRIEL, qui devint protonotaire du Saint-Siége;

7° MARIE, mariée à N. Chatard de Colonges, sieur de Levet.

IX. — **PORTE** Simon (de la), écuyer, seigneur d'Issertieux, ne paraît pas avoir porté les armes. Il rendait au seigneur de Blet, en 1531, dénombrement des terre et seigneurie d'Issertieux, mais il mourut jeune, avant 1557. Son épouse, Charlotte de Nery, fille de François, maître d'hôtel du comte de Nevers, et capitaine du château de Montenoison, et de Jeanne de la Vergne, le rendit père de :

1° AMADOR, qui suit;

2° JEAN, qui fut chevalier de Malte, et devint commandeur de Bellecombe en 1565;

3° FRANÇOIS JOSEPH, qui embrassa le protestantisme et devint un des chefs des nouveaux partisans comme il sera dit plus loin;

4° CHRISTOPHE ;

5° JACQUETTE;

6° JEANNE, mariée à N. de Chaud, seigneur de Rivière, et deux autres sœurs religieuses nommées dans le contrat de mariage de leur frère aîné.

X. — **PORTE** (Amador de la), écuyer, sire d'Issertieux et du Chaffaud, gentilhomme de la chambre du duc d'Alençon, s'engagea par contrat à donner à son frère Jean 20 écus par an, tant qu'il serait à Malte, et 2000 écus, une fois payés, à chacun de ses autres frères. Cependant il ne paraît pas que son frère François ait renoncé à sa part d'Issertieux, car la tradition rapporte qu'ils habitaient chacun une partie séparée du château et vivaient dans la plus mauvaise intelligence.

Amador était un fidèle serviteur du roi, ainsi que le témoigne la lettre suivante, dont l'original a été entre nos mains : « Monsieur d'Issertieulx, aiant sceu l'affection que me portez et spécialement au bien, repos et tranquillité de ce royaume, j'ai bien voulu vous faire les présentes, sachant le moyen que vous avez de mettre ensemble beaucoup de vos amys, pour vous prier de ne différer quelque chose que vous entendiez à me venir trouver et voir. Sy serez aussi bien veu et receu que le sçauriez désirer. Sur ce, je prie Dieu, monsieur d'Issertieulx, vous avoir en sa garde. Escript au camp de Chastillon-sur-Indre, le XXIXe jour d'octobre 1560. Vostre bon amy, FRANÇOIS. »

Mais, loin de mériter les mêmes marques de confiance, François se jeta dans le parti des huguenots et leur livra, la même année 1560, la ville de la Charité dont il était gouverneur. Le grand prieur d'Auvergne et le sieur de la Fayette vinrent l'y assiéger, se rendirent maîtres de sa personne, lui enlevèrent ses armes et ses chevaux et furent très-près de lui ôter la vie. Cependant le roi paraît lui avoir pardonné, car dix ans plus tard, nous le voyons recevoir à Issertieux la lettre suivante du successeur de François II. « Monsieur d'Isairtiaux, vous savez la promesse que vous avez ci devant faite à mon frère, le duc d'Anjou et de Bourbonnais, mon lieutenant général, de ne plus reprendre les armes et vous retirer en votre maison pour y vivre et vous contenir doulcement sous le bénéfice de mes édits et ordonnances ; toutefois, ainsi que je suis adverti, vous avez faict tout le contraire, chose que je ne puis trouver qu'étrange, et, à cette cause, je vous prie me..... pour selon ce que j'en apprendrai y pourvoir, ainsi que la raison me le permettra. Et cependant affin de m'asseurer de votre maison, j'ay ordonné au sieur de Montare y faire mettre garnison laquelle vous recevrez sans en faire aucun reffus ni difficulté, priant Dieu vous avoir en sa sainte et digne garde. Fait à Angiers le dixième jour de mars 1570. CHARLES. »

La tradition veut que ce belliqueux gentilhomme soit allé mourir en Angleterre.

Quant à son frère, nous le trouvons, en 1576, pourvu de la charge de gentilhomme ordinaire de la chambre du duc d'Alençon, frère du roi Henri III, en récompense, est-il dit dans ses lettres, des bons services qu'il a rendus au fait des guerres. Il mourut, à Paris, en 1583, laissant de son union avec ANNE DE CHENU, fille de Pierre, écuyer, et de Anne de..... qu'il avait épousée en 1551 :

1° FRANÇOIS, qui suit ;

2° PIERRE, écuyer, seigneur en partie d'Issertieux et de Poulaines, qui fut tuteur de ses neveux en 1602, épousa MADELEINE COURAUT de CHEVRY, et en eut une fille qui fut mariée en 1622 dans la maison de PLESSIS-SAVONNIÈRE ;

3° MARIE, qui épousa MARC DE TROUSSEBOIS ;

4° N., qui épousa le sieur DE SAINT-MARTIN.

XI. — **PORTE** (François DE LA), écuyer, seigneur d'Issertieux et de Briou, fut placé fort jeune auprès du roi de Navarre, Henri, et suivit constamment la fortune de ce prince. Il ne vécut pas longtemps après la mort de son père. A peine eut-il pris femme et fait lever le séquestre qu'on avait mis sur une partie de ses terres, en l'accusant d'avoir embrassé la religion réformée, qu'il alla se faire tuer au service du roi de Navarre en 1588. Par une transaction avec le seigneur de Blet, son fief fut déchargé de l'hommage rendu jusque-là à sa seigneurie, et il devint gentilhomme servant du roi. De l'union qu'il avait contractée, en 1583, avec LOUISE DE LA PORTE, sa cousine, fille de Guichard, seigneur de Briou et de Louise de la Couldre, étaient nés :

1° AMADOR, qui suit;

2° JACQUETTE, qui épousa N. DE COLOMBIÈRES.

XII. — **PORTE** (Amador DE LA), écuyer, seigneur d'Issertieux et de Briou, Breviande, Montifaut, la forêt de Grailly, etc., étant resté orphelin à l'âge de quatre ans, fut d'abord placé sous la tutelle du sieur de Salles, puis, en 1602 sous celle de son oncle Pierre qui lui rendit ses comptes en 1615. Il se maria l'année suivante avec FRANÇOISE DE CULANT, fille de François, seigneur de la Forêt-Grailly et de feue Charlotte de Grailly. Le domaine de la forêt fut vendu en 1621 à Mgr Henri de Bourbon, prince de Condé. Amador vivait encore en 1632. Par le testament qu'il fit de concert avec Françoise de Culant, son épouse, il laissa à son fils aîné la terre d'Issertieux avec la part achetée à son oncle Pierre de la Porte, au deuxième fils Jean la terre de Briou, la Rivière et Vezin, à Philibert 9,000 francs et à Renée 8,000 francs.

1° FRANÇOIS, enseigne dans le régiment de Saint-Aubin en 1635, mourut au service ;

2° JEAN, qui suit ;

3° PHILIBERT passa sa vie au service comme son frère et mourut dans le régiment de la Meilleraie ;

4° RENÉE qui vivait en 1647, et mourut probablement fille.

XIII. — **PORTE** (Jean DE LA), chevalier, qualifié dans un acte baron, seigneur d'Issertieux, le Briou, Breviande, etc., eut le titre d'écuyer de la petite écurie du roi Louis XIII. Devenu le chef de la famille par la mort de son aîné, il reconstruisit une grande partie du château d'Issertieux. Jean eut deux femmes. Il épousa une première fois, le 2 septembre 1647, FRANÇOISE DE LONGUEVILLE, fille de François, chevalier, seigneur de Domerey, maître d'hôtel du roi, et de Françoise Filxieau. Deux enfants naquirent de cette union :

1° JEAN-FRANÇOIS, qui, ayant renoncé à la propriété d'Issertieux en 1675, *devint le chef de la branche de Briou rapportée au* § 2.

2° MADELEINE, mariée à FRANÇOIS de Faverolles en 1666 et grand'mère de Françoise de Faverolles citée plus loin.

Le même JEAN épousa en secondes noces, le 21 mars 1654, ELISABETH DE FAVEROLLES, fille de feu Joseph, chevalier, seigneur de Bléré et de dame Claude de Rigné, dont il avait eu cinq enfants quand il mourut en 1663. Sa veuve se remaria au comte de Blet en 1687. Ce mariage ne fit que raviver l'ancienne inimitié des deux familles.

3° BARTHELEMY JOSEPH qui suit.

4° MARTHE.

5° PIERRE.

6° CATHERINE qui entra en religion.

7° FRANÇOIS, né le 1er mars 1663.

XIV. — **PORTE** (Barthélemy-Joseph DE LA) chevalier, qualifié dans quelques actes baron d'Issertieux, naquit le 12 juin 1658. Vingt ans plus tard, l'habileté de sa mère amena Jean-François, son aîné, à lui abandonner la terre et le titre d'Issertieux. On croit qu'il servit d'abord dans la marine et devint plus tard commissaire de la noblesse du Berry. Il fut maintenu dans sa noblesse en 1669 par Tubeuf et en 1716, avec ses cousins, par sentence du marquis de Martangis, intendant de justice. De son mariage, contracté le 26 août 1698, avec MARGUERITE DE TRIPIERRE, fille de René, écuyer, seigneur de Pierry, et de Suzanne Neyret, il avait eu six enfants, quand sa mort arriva en 1733.

1° JOSEPH-RENÉ qui suit.

2° HENRI-JEAN, né le 27 décembre 1701. *Il fut l'origine de la branche de Pierry, rapportée au* § 3.

3° LOUIS, né le 3 janvier 1709, volontaire au régiment de Crespy en 1743, capitaine d'une compagnie d'invalides en 1768, mort en 1780.

4° CHARLES, qui servit dans les carabiniers et épousa N. GUILLOT DE MAUPERTUIS dont il eut deux filles.

5° MADELEINE.

6° SUZANNE-ELISABETH, qui épousa François-Antoine LE BOURGOIN.

XV.— **PORTE** (Joseph-René DE LA) chevalier, qualifié dans quelques actes baron, et ailleurs marquis d'Issertieux, seigneur en partie de Chalivoy-Milon et de Chaumont, fut baptisé le 30 août 1699. Il rendit aveu au roi de son fief, terre et justice d'Issertieux, le 4 mars 1709, par devant le lieutenant-général de Bourbonnais. Une sentence pour l'autoriser à renoncer à la succession d'Elisabeth de Faverolles, son aïeule, fut rendue en 1712. Il était commissaire de la noblesse du Berry, lorsqu'il épousa sa cousine MARIE-MADELEINE-ETIENNE-FRANÇOISE DE FAVEROLLES, fille de Antoine-François, chevalier, seigneur de Domerey et de Marie-Madeleine de Quessé de Valcourt, le 12 mars 1737. Le 15 septembre 1743, il autorisa sa femme à transiger au Châtelet de Paris avec Pélagie d'Albert de Luynes, veuve de Louis de Guilhelm de Castelnau, marquis de Sassac, au sujet d'une créance de 280,000 livres, qui provenait de la succession de dame Françoise de Culant, morte épouse d'Amador de la Porte. Il mourut en 1779, laissant trois fils et une fille.

1° JOSEPH-ANTOINE-CLAIR qui suit.

2° HENRI-CHARLES, né le 3 février 1740, servit dans la marine avec beaucoup de distinction. Il était lieutenant de vaisseau et faisait partie de l'équipage du *Montréal*, commandé par M. Vialis de Fontbelle, lorsque, le 30 juillet 1780, ce vaisseau, qui servait d'escorte à un convoi, fut attaqué sur la côte d'Afrique par deux frégates, deux brigantins et un petit corsaire anglais. Le capitaine fut tué dans le combat. M. de la Porte prit le commandement, et après une lutte opiniâtre, parvint à mettre en fuite ses agresseurs et à conduire le convoi à sa destination. En récompense de cette action brillante, il fut fait capitaine de vaisseau et décoré de la croix de Saint-Louis. Il épousa N. et mourut en Toscane pendant la révolution.

3° GILBERT, dit le chevalier de la Porte, était né le 23 février 1741. Devenu officier du régiment de France, il fut blessé à l'affaire de l'Arrache, au Maroc, et forcé de rentrer à Bourges, où il mourut sans postérité. Il avait été convoqué aux assemblées de la noblesse de 1789.

4° SUZANNE-ETIENNE-RÉNÉE, née le 14 décembre 1744. Elle fit ses preuves, en 1767, pour entrer au chapitre noble de Saint-Louis de Metz, qui étaient de remonter jusqu'en 1400, sans annoblissement connu. Ayant émigré lors de la destruction révolutionnaire des couvents elle mourut à Vienne (Autriche) en 1815.

XVI.—**PORTE** (Joseph-Antoine-Clair DE LA) marquis d'Issertieux, né le 27 juin 1738, était page du duc d'Orléans en 1758, lorsqu'il obtint une compagnie dans le régiment du même nom. Après avoir pris une part active à la guerre de Sept ans, il fut fait chevalier de Saint-Louis en 1778 et quitta le service. Peu de temps après, il fut convoqué par l'assemblée de la noblesse du Berry en 1789 et n'y parut que par procuration. Il avait épousé le 25 septembre 1765, CATHERINE-ETIENNETTE LÉVEILLÉ DU FOURNAY, fille de N. Léveillé, seigneur du Fournay et de dame Etiennette Paichereau, qui l'aida à supporter avec résignation les rudes épreuves de la tourmente révolutionnaire, pendant laquelle tous leurs biens furent confisqués. Arrêtés eux-mêmes comme suspects, ils passèrent deux ans dans les prisons à attendre leur arrêt de mort. Le dévouement de deux serviteurs, François Villers et Reine Julien, sa femme, les arracha comme par miracle aux mains du bourreau et leur fit rendre une partie de leurs biens. Le marquis de la Porte mourut en 1821, à l'âge de plus de 80 ans. Vingt ans auparavant, il avait perdu l'héroïque compagne de ses malheurs. De leur mariage étaient nés trois enfants :

1° LOUIS-JOSEPH-CHARLES qui suit.

2° RENÉ-JOSEPH, né le 18 septembre 1770, entra en 1784, aux pages de la reine Marie-Antoinette. Il servait dans le régiment de royal cavalerie quand arriva la révolution. Fidèle aux traditions de sa famille, et suivant l'exemple de son frère aîné, il quitta alors la France et s'engagea dans les troupes du prince de Condé; il épousa en 1802 CLOTILDE DE TULLIER, fille de Pierre et de Thérèse de Bonnefoi. La croix de Saint-Louis récompensa ses services en 1815. Rentré jeune dans la vie privée, il est mort Maire de la Charité en 1842, laissant quatre filles.

Alexandrine, mariée à M. de Ladevèze, conservateur des hypothèques à Brioude.

Ernestine, mariée à M. Braun, émigré polonais.

Clotilde et Antoinette, mortes filles.

3° AMÉDÉE, mort enfant.

XVII. — **PORTE** (Louis-Joseph-Charles de la) qualifié comte et marquis, né le 5 octobre 1768, fut reçu page de la petite écurie du roi Louis XVI en 1783. Il obtint à sa sortie, en 1787, une épée d'honneur que lui transmit le duc de Coigny de la part du roi, et servit ensuite dans le régiment de dragons mestre de camp, dont un de ses parents, le vicomte de la Porte de Riants était colonel. A la révolution, le jeune officier émigra comme son frère et ses cousins, et alla prendre rang dans les troupes de Condé, cette armée si fidèle et si malheureuse. Il rentra en 1801, pour épouser, le 3 novembre de l'année suivante, Angélique-Henriette Saucières de Tenance, fille de Louis, marquis de Tenance, et de Marguerite de Barbançon. Fait capitaine de cavalerie et créé chevalier de Saint-Louis à la Restauration, il quitta le service pour l'emploi de secrétaire général de la préfecture du Cher, qu'il occupa quelques années. Pendant son séjour d'exil à Bourges, le roi d'Espagne Charles V distingua les brillantes vertus du vieux gentilhomme et le créa grand-croix de son ordre. Devenu veuf le 11 juin 1843, le marquis de la Porte mourut lui-même le 3 août 1851. De son mariage étaient nés :

1° MARGUERITE-JOSÉPHINE-ALBERTINE, mariée en 1826 à Jean-François-Antoine de Cotolendy de Beauregard, aujourd'hui chef de bataillon d'infanterie en retraite, chevalier de la Légion d'honneur, dont un fils officier d'infanterie et une fille mariée au colonel d'Ornant.

2° MARIE-JOSEPH-ALEXANDRE-AMADOR, né le 6 juin 1804. Il sortit de Saint-Cyr comme officier au 1er chasseurs en 1824, et servit dans ce corps jusqu'à la révolution de 1830, époque où il donna sa démission. Marié le 9 février 1831 à Louise Panon des Bassyns de Montbrun, il est mort sans postérité au mois d'août 1848. En lui s'est éteinte la branche d'Issertieux.

3° HENRIETTE-LOUISE-SIMONNE-AUGUSTA, mariée en 1839 à Godefroy-Stéphan Paszkiewicz, émigré polonais, dont un fils.

§ II. DE LA PORTE (BRANCHE DE BRIOU OU RIANTS).

XIV. — **PORTE** (Jean-François DE LA) chevalier, seigneur d'Issertieux et de Briou, était fils aîné de Amador de la Porte et de Françoise de Longueville rapportés au 13e degré du § Io. Il était né le 16 août 1649, et ne comptait guère qu'une quinzaine d'années quand la mort de son père le laissa orphelin, en 1663, avec la perspective d'un très-grand procès contre sa marâtre, Élisabeth de Faverolles et ses enfants. Le 22 janvier 1669, il fut maintenu noble à Moulins, ainsi que ses deux frères Barthélemy-Joseph et François, par Me Tubeuf, commissaire royal. Plus tard, en 1674, il servit au ban du Berry dans l'escadron de Pierre de Bar. L'année suivante, il fit, de concert avec François de Faverolles, seigneur du Plessis, agissant au nom de Madeleine, une transaction par laquelle il abandonna à dame Elisabeth de Faverolles et à ses enfants la terre d'Issertieux ; puis, ne gardant plus que le titre de seigneur de Briou, il épousa le 19 juin 1682 CHARLOTTE COTTIGNON fille de Guy, écuyer, seigneur de Beaumont et de Marie Robert. On le retrouve en 1695 gendarme de la garde du roi, compagnie du prince de Soubise, suivant le certificat qu'il eut de ce prince le 30 décembre, et l'année d'après il servait en qualité de cornette dans la même compagnie, suivant des lettres d'état datées de Versailles, signées Louis. Il mourut le 29 mai 1715, âgé de 66 ans, et fut inhumé dans l'église de Saint-Martin-des-Champs, près Sancergues. Il laissait peu de fortune et trois enfants :

1° GUY FRANÇOIS, qui suit;

2° PIERRE, né le 1er juillet 1695, qui fut maintenu noble avec son frère, par M. de Martangis en 1716.

3° CATHERINE, mentionnée au contrat de mariage de son frère aîné.

XV.—**PORTE** (Guy-François DE LA), chevalier, seigneur de Briou, était né le 1er février 1690. Il fut maintenu dans sa noblesse le 11 janvier 1716, par jugement de M. Foullé de Martangis, intendant de Bourges, rendu sur titres, remontant à l'an 1482, en même temps que Pierre son frère. Deux ans après le 4 mars 1719, il épousa demoiselle LÉONARDE DE GUILLON, fille de feu Léonard, chevalier, seigneur de Malmousse et de dame Denise de Crenezy, qui le laissa veuf, le 11 novembre de la même année. Il mourut lui-même encore jeune, le 13 janvier 1731 et fut inhumé près de son père. De son mariage était issu un seul enfant : GUY-FRANÇOIS, dont la naissance avait coûté la vie à sa mère.

XVI. — **PORTE** (Guy-François DE LA), comte de Briou, marquis de Riants, baron de Villeray, naquit à la Charité-sur-Loire en 1719. Il était guidon des chevau-légers de Bretagne, lorsqu'il fit connaissance de M. le marquis Denis de Riants, chevalier baron de Villeray, de la province du Perche, ancien capitaine des gens d'armes du Berry, brigadier des armées du roi. Leurs familles étaient un peu parentes par les femmes. Le vieux général et après lui sa sœur, se laissèrent gagner par les bonnes manières et les sentiments délicats du jeune officier. Ils lui donnèrent par testament toute leur fortune, à la seule condition de joindre leur nom au sien et d'écarteler son blason de leurs armes. Devenu riche et capitaine au régiment de la Roche-Aymon, Guy-François épousa le 21 février 1746, BIBIANNE COLBERT DE CROISSY, fille de Jean-Baptiste-Joachim, marquis de Croissy, lieutenant-général, capitaine des gardes de la Porte et de Françoise Bibianne de Franquetot de Coigny, petite fille du marquis de Torcy. Il fixa sa résidence à Villeray où il possédait d'immenses biens. Pendant la Terreur il envoya ses fils en émigration ; mais il ne quitta pas la France et supporta avec calme toutes les horreurs et les vexations de la révolution. Il décéda à Paris le 20 fructidor an IV (1795). De son mariage étaient issus deux fils et trois filles :

1° GUY-FRANÇOIS-HENRI qui suit ;

2° AUGUSTIN-FRANÇOIS-CHARLES, vicomte de Riants, né en 1760. Il occupait à l'époque de la révolution l'emploi de lieutenant-colonel du régiment de dragons-mestre de camp et était chevalier de Saint-Louis. Il prit part à l'émigration, où il montra un grand zèle pour ses anciens souverains ; rentré en France avec les Bourbons, il mourut en 1835, à Paris où il avait sa résidence, laissant de son mariage contracté le 1er avril 1789 avec ADÉLAIDE-CHARLOTTE-COLOMBE LE PELLETIER DE SAINT-FARGEAU une fille CHARLOTTE, qui a épousé CAMILLE DE ROUGÉ ;

3° ANTOINETTE-FRANÇOISE-BIBIANNE, mariée à JEAN-BAPTISTE-CHARLES DE LA CROIX-CHEVRIÈRE ;

4° ADELAIDE-FRANÇOISE-CHARLOTTE qui épousa AMÉDÉE-GRÉGOIRE DE NOZIÈRES DE SAINT-SAUVEUR ;

5° ADRIENNE-FÉLICITÉ, mariée à ALEXANDRE BON DE JUPILLE.

XVII. — **PORTE** (Guy-François-Henri DE LA), marquis de Riants et Sablé, né le 27 mai 1749, émigra avec son frère Charles et ses cousins, sur l'ordre de son père. Il servit longtemps à l'armée de Condé et fut fait chevalier de Saint-Louis, à la rentrée des Bourbons. Uni le 1er juin 1778 à CATHERINE-FRANÇOISE BEAUVARLET DE BOMICOURT, il mourut comme son frère en 1835, sans laisser de postérité. La fortune très-considérable qu'il possédait fut par lui partagée en mourant à sa nièce, madame de Rougé, à ses sœurs, et à M. Amador de la Porte d'Issertieux, seul héritier du nom, qui eut pour sa part une valeur de plus d'un million.

---

§ III. DE LA PORTE (BRANCHE DE PIERRY).

XV. — **PORTE** (Henri-Jean DE LA) deuxième fils de Barthélemy-Joseph et de Marguerite de Tripierre, rapportés au 14e degré du § I, était né au château d'Issertieux, le 27 décembre 1701. Il eut en partage la terre de Pierry, et épousa vers 1740 MARGUERITE DE POUTHE DE LA ROCHE-AYMON, qui lui apporta en don du grand prieur d'Auvergne Amable de Thianges, son oncle, le château d'Orgnat (Marche), où il fixa sa résidence après la vente de Pierry en 1765. Il mourut en 1766 ; sa veuve vécut jusqu'en 1777. Trois enfants étaient nés de leur union :

1° AMABLE-JEAN-HENRI, né en 1742 au château de Pierry, fut sous-lieutenant aux dragons de Belzunce et perdit la vie à l'âge de 26 ans, à la suite d'un duel, pendant qu'il était détaché à l'école d'équitation de Cambrai, en 1768 ;

2° MARIE, née en 1743, au château de Pierry, devint chanoinesse de Metz comme sa cousine Suzanne de la Porte d'Issertieux, et y mourut jeune encore ;

3° GASPARD, qui suit.

XVI. — **PORTE** (Gaspard-Amable DE LA), né en 1751 au château de Pierry, se trouva seul héritier de la fortune paternelle après la mort de son frère aîné. Son nom figure sur la liste des gentilshommes du Bourbonnais qui prirent part aux élections de la Noblesse pour les Etats-Généraux de 1789. Il supporta la tourmente révolutionnaire sans quitter la France, mais non sans perdre une grande partie de ses biens. Il avait épousé en 1776 FRANÇOISE DE BARTHON, fille de Jean-Baptiste et de Marie de la Besse, qui lui avait apporté la terre de la Motte-Mazurier, près Gannat, où il mourut en 1820, à l'âge de 68 ans. De son mariage étaient nés un fils et quatre filles :

1° FRANÇOIS-AMABLE-AMADOR qui suit ;
2° VICTOIRE, morte fille à Felletin ;
3° MÉLANIE, morte fille à Gannat ;
4° CÉCILE, morte religieuse à Saint-Domingue ;
5° HENRIETTE, mariée à N. TERREL, employé des finances.

XVII. — **PORTE** (François-Amable-Amador DE LA), né à la Motte-Mazurier en 1789, s'engagea en 1803 dans les grenadiers vélites de la Garde impériale ; à seize ans il était officier. Devenu garde du corps du roi Louis XVIII en 1814, il épousa, la même année, à Riom, Mlle PAULINE PAGÈS, fille du procureur général de cette ville. La perte de la vue l'obligea bientôt à quitter le service. Il se retira dans sa terre de la Motte-Mazurier, et ne tarda pas à s'y voir délaissé. De grands chagrins, la mort de ses enfants décédés en bas âge et des revers de fortune firent naître en lui l'idée de s'expatrier pour aller coloniser en Afrique. Il vendit sa propriété et partit en 1844 pour Alger, emmenant avec lui un petit garçon et une petite fille qu'il avait élevés. C'est entre leurs bras qu'il s'est éteint le 23 janvier 1865. Il avait été malgré ses infirmités l'un des plus ardents parmi cette courageuse génération de pionniers qui défrichèrent le Tell et assurèrent la prospérité de notre colonie. En lui finit la descendance mâle de sa branche et de sa maison. Sa veuve, séparée depuis 1822, lui a survécu.

De cette vieille et héroïque race il ne reste plus aujourd'hui que quatre femmes : Mme de Cotolendy, née ALBERTINE DE LA PORTE, héritière du château et de la terre d'Issertieux qu'elle habite avec sa famille : sa sœur, Mme Paszkiewicz, née AUGUSTA DE LA PORTE, qui a pour résidence la terre de Mazières, près Charost (Cher); et leurs cousines Mme de Ladevèze, née ALEXANDRINE DE LA PORTE, qui habite la Rochelle, et Mme Braun, née ERNESTINE DE LA PORTE, fixée à Guilly, non loin de Bourges. Après elles le nom de la Porte d'Issertieux rentrera dans la nuit des temps.

PIÈCES JUSTIFICATIVES.

MAINTENUE DE NOBLESSE DE 1669.

Copie d'une maintenue de noblesse en papier signée Tubeuf, qui se trouve entre les mains de Mme DE COTOLENDY.

Inventaire des titres que produisent devant vous monseigneur LAMBERT, *chevalier, seigneur d'Herbigny, conseiller du roy en ses conseils, maistre des requestes ordinaires de son hôtel, intendant des provinces de Bourbonnais et Berry, commissaire desparty par sa majesté pour la vérification des titres des gentilshommes et recherche des usurpateurs de noblesse.*

JEAN-FRANÇOIS DE LA PORTE, escuyer, sieur d'Issertieux, fils de défunt Jean de la Porte, escuyer, sieur du dit Issertieux et de damoiselle Françoise de Longueville ; et damoiselle ELISABETH DE FAVEROLLES, veuve du dit défunt Jean de la Porte, tutrice de BARTHÉLEMY-JOSEPH DE LA PORTE et de FRANÇOIS DE LA PORTE ses enfants et du dit défunt Jean de la Porte, âgés, le dit Barthélemy-Joseph de treize ans et le dit François de cinq ans, qui ont fait leurs déclarations dès le mois dernier de vouloir maintenir la qualité d'escuyer pour montrer qu'ils sont issus de noble lignée.

Extrait généalogique. — JEAN DE LA PORTE, escuyer, sieur d'Issertieux avecq damoiselle JEANNE GUITOISE. — PIERRE DE LA PORTE, escuyer, sieur d'Issertieux, fils de Jean, avecq damoiselle MAGDELEINE DE LA CONDAMINE. — SYMON DE LA PORTE, escuyer, sieur d'Issertieux, fils du dict Pierre, avecq damoiselle CHARLOTTE DE NERY. — AMADOR DE LA PORTE, escuyer, sieur d'Issertieux, fils de Symon avecq damoiselle ANNE DE CHENU. — FRANÇOIS DE LA PORTE, fils du dict Amador avecq damoiselle LOUISE DE LA PORTE. — AMADOR DE LA PORTE, fils du dict François avec damoiselle FRANÇOISE DE CULANT. — JEAN DE LA PORTE, fils du dict Amador avecq damoiselle FRANÇOISE DE LONGUEVILLE dont FRANÇOIS DE LA PORTE produisant, et avecq damoiselle ELISABETH DE FAVEROLLES dont BARTHELEMY-JOSEPH et FRANÇOIS DE LA PORTE ;

Pour preuve de la dicte généalogie produisent les pièces cy après déclarées ;

Pour JEAN DE LA PORTE, premier du nom, père de Pierre : — contract de mariage en parchemin de JEAN DE LA PORTE avecq damoiselle JEANNE GUITOISE, du vingtième may 1435 par le quel appert que le dict Jean est fils de ODART DE LA PORTE, escuyer, sieur d'Issertieux et de damoiselle MARGUERITE MAUVOISIN, qui contractèrent icelui ;

Pour PIERRE DE LA PORTE, fils du dict Jean : produisent son contract de mariage en parchemin avecq damoiselle MAGDELEINE DE LA CONDAMINE, du 12 mars 1482, signé *Jalligny ;*

Pour SYMON DE LA PORTE, fils du dict Pierre : produisent son contract de mariage en parchemin avecq damoiselle CHARLOTTE DE NERY, signé *Bourbonnat* en date du 28 aoust 1519. — Plus un acte de foy et hommage faict par le dict SYMON DE LA PORTE, escuyer, sieur d'Issertieux, pour la dicte terre d'Issertieux du douze septembre 1440, signé *Tagillet ;*

Pour AMADOR DE LA PORTE, premier du nom, fils du dict Symon : produisent son contract de mariage en parchemin avecq damoiselle ANNE DE CHENU, du quatre juillet 1551. Avecq divers actes qui ont suivi, signé *Peraud ;* outre que les employent un partage qui sera cy-après produict.

Pour FRANÇOIS DE LA PORTE, fils du dict Amador, produisent : la première, du six aoust 1583, est son contract de mariage avecq damoiselle LOUISE DE LA PORTE, signé *Archambault.* — La deuxième est une minute originale d'un traicté de transaction entre maistre Claude de Saint-Quentin, seigneur de Blet et le dict FRANÇOIS DE LA PORTE, escuyer, sieur d'Issertieux, par le quel il est déchargé du fief qui était prétendu par le dict seigneur de Blet. Scellé, contenant deux feuilles et signé des parties. — La troisième un acte de foy et hommage fait en conséquence en la chatellenie d'Ainay par le dict FRANÇOIS DE LA PORTE, escuyer, sieur d'Issertieux, par les quels actes il est qualifié gentilhomme servant du roy ;

Pour AMADOR DE LA PORTE, fils du dict François, produisent trois pièces : — la première, du onze avril 1615, est un partage fait entre PIERRE DE LA PORTE, escuyer et le dict AMADOR DE LA PORTE, escuyer, sieur d'Issertieux, second du nom par le quel apert que le dict Amador de la Porte, second du nom comme fils de François, partage avec le dict Pierre, le bien d'AMADOR DE LA PORTE, premier du nom son ayeul et comme représentant le dict

François son père, on lui délaisse la maison d'Issertieux et le vol du chapon pour son droict d'ainesse. — La seconde, du trois juillet 1616, est le contract de mariage du dict AMADOR DE LA PORTE, escuyer, sieur d'Issertieux, avecq damoiselle FRANÇOISE DE CULANT, signé *Rougier.* — La troisième, signée *Dubuysson* et *Guilland*, est l'acte de foy et hommage fait par la dicte damoiselle FRANÇOISE DE CULANT, veuve du dict AMADOR DE LA PORTE en la juridiction ordinaire pour la dicte terre d'Issertieux. — Aux quelles preuves est joinct cinq autres preuves qui sont actes et certificats des 1 septembre et 20 décembre 1635, 15 avril et 8 octobre 1636 et 30 avril 1644, par les quels apert comme il est porté par les précédents a esté produict que FRANÇOIS et PHILIBERT DE LA PORTE, enfants du dict Amador et de la dicte Françoise de Culant, étaient dans le service de sa majesté où ils sont morts;

Pour JEAN DE LA PORTE, second du nom, père des produisants, produisent trois pièces. La première, du 9 octobre 1632, est l'original du partage qui avait été faict par le dict AMADOR DE LA PORTE, escuyer, sieur d'Issertieux et damoiselle FRANÇOISE DE CULANT de leurs biens entre leurs enfants qui estaient pour lors FRANÇOIS, JEAN et PHILIBERT, par le quel apert qu'il a esté delaissé au dict François qui estait l'aîné, la terre d'Issertieux tant pour son droit successif que pour son droit d'ainesse. — Plus le contract de mariage du dict JEAN DE LA PORTE, escuyer, sieur d'Issertieux, avec damoiselle FRANÇOISE DE LONGUEVILLE, du 2 septembre 1647. — Plus autre contract du second mariage du dict Jean avecq damoiselle ELISABETH DE FAVEROLLES, du 21 mars 1654;

Pour les produisants, enfants du premier et second lit du dict Jean de la Porte, produisent : leurs trois extraits baptistaires du 16 aoust 1649, 12 juin 1658, et 14 mars 1663. Signés *Beraud.*

Ajoutent les produisants par production nouvelle les pièces cy-après déclarées. — Premièrement un contract de transaction faict entre AMADOR DE LA PORTE, premier du nom, escuyer, sieur d'Issertieux avecq damoiselle CHARLOTTE DE NERY, veuve du dict SYMON DE LA PORTE, escuyer, seigneur d'Issertieux et mère du dict Amador, concernant le.... de ses biens. Icelui reçu devant notaires le 7 novembre 1557, au dos duquel est l'insinuation du 2 février 1558. — Plus un contract d'arentement faict par le dict AMADOR DE LA PORTE et Léonard Paqeau devant *Pierre*, notaire, le 26 aoust 1565. — Plus une sentence contradictoirement rendue entre le dict AMADOR DE LA PORTE et Jean Chauvraud, du 15 octobre 1569. Plus la requeste d'employ pour production de pièces.

M. Trabot a eu connaissance des pièces présentées pour la production nouvelle des SIEURS DE LA PORTE; déclare qu'en consequence de la dicte production, il n'entend plus contester la qualité des sieurs de la Porte. 13 juillet 1668. *Beausire.*

Veu lès pièces mentionnées au present inventaire et la declaration du dict Trabot, attendu qu'il est suffisamment justifié que les sieurs JEAN DE LA PORTE FRÈRES et leurs autheurs sont en possession de porter la qualité d'escuyer et de chevalier depuis 1435 jusqu'à présent, je n'empêche pour le roy que le dict JEAN DE LA PORTE, sieur d'Issertieux, et la dicte damoiselle ELISABETH DE FAVEROLLES, veuve d'autre Jean de la Porte et tutrice de BARTHELEMY-JOSEPH et FRANÇOIS DE LA PORTE leurs enfants, ne soient maintenus dans la jouissance des priviléges de noblesse accordés aux gentilshommes du royaume tant qu'ils ne feront acte dérogeant. Fait à Moulins le 17 juillet 1668. Signé *Guillaume.*

CHARLES TUBEUF, *chevalier, seigneur baron de Vert et autres lieux, conseiller du roy en ses conseils, maitre des requestes ordinaire de son hôtel, commissaire departy par sa majesté pour l'exécution de ses ordres, vérificateur des titres des gentilshommes, recherche des usurpateurs de noblesse dans les généralités de Moulins et Bourges.*

Vüe la production contenue au présent inventaire fait par devant monsieur d'Herbigny ci devant commissaire departy dans les généralités, desistance du dit Trabot, et conclusion du procureur du roy, nous avons donné acte au dit JEAN DE LA PORTE *et la dite damoiselle* DE FAVEROLLES, *veuve d'autre Jean de la Porte, tutrice de* BARTHELEMY-JOSEPH *et* FRANÇOIS DE LA PORTE, *leurs enfants, de la representation de leurs titres de noblesse, et après qu'ils ont esté par nous examinés, visés et signés, les avons rendus du consentement des dits procureur du roy et Trabot, ce faisant, ordonnons que les dits sieurs* JEAN, BARTHÉLEMY-JOSEPH *et* FRANÇOIS DE LA PORTE *seront employés dans le catalogue des gentilshommes de cette généralité, suivant l'arrect du conseil du* 22 *mars* 1666, *et qu'à cet effet il demeurera en notre greffe, extrait du dit inventaire contenant leur généalogie, blason et armes. Fait à Moulins le* 22 *janvier* 1669. *Signé* TUBEUF. *Par monseigneur* MARÉCHAL.

MAINTENUE DE NOBLESSE DE 1716.

Copie d'une maintenue de noblesse, en papier, signée de Martangis, qui se trouve entre les mains de Mme DE COTOLENDY.

Inventaire des titres de noblesse que produisent devant vous Monseigneur Etienne-Hyacinthe-Antoine FOULLÉ, *chevalier, marquis de Martangis et des Prenevaux, conseiller du roi en ses conseils, maitre des requêtes ordinaires de son hôtel et intendant de justice, police et finances et la généralité de Bourges :*

GUY-FRANÇOIS DE LA PORTE, chevalier, seigneur du Briou, PIERRE DE LA PORTE, chevalier, seigneur du dit lieu, demeurant paroisse de Saint-Martin des Champs, élection de Saint-Amand, les quels pour satisfaire à la déclaration du roi du 16 janvier 1714, qui ordonne que les véritables gentilshommes justifieront de leurs titres de noblesse, ont fait leur comparution au greffe de votre commission et déclaré qu'ils voulaient maintenir et prouver par titres leur noblesse comme étant issus de noble race.

A ce qu'il vous plaise, monseigneur, vu les titres rapportés par les dits sieurs de la Porte, les maintenir et garder eux et leurs enfants nés et a naitre en légitime mariage en qualité d'écuyer et de chevalier, ordonner qu'ils jouiront des priviléges, honneurs et exemptions dont jouissent les gentilshommes de ce royaume, et pour cet effet que les dits sieurs de la Porte seront inscrits dans le catalogue des gentilshommes de cette province.

Les dits GUY-FRANÇOIS et PIERRE DE LA PORTE, produisants, fils de Jean François de la Porte, écuyer, sieur du Briou et de damoiselle CHARLOTTE COTTIGNON. — Le dit JEAN-FRANÇOIS et JOSEPH-BARTHELEMY, autres produisants, fils savoir : le premier de JEAN DE LA PORTE, écuyer, seigneur d'Issertieux et de damoiselle DE LONGUEVILLE, sa première femme, et le second du dit JEAN et de damoiselle DE FAVEROLLES, sa deuxième femme. — Le dit JEAN fils d'AMADOR DE LA PORTE, écuyer, seigneur d'Issertieux et de damoiselle FRANÇOISE DE CULANT. — Le dit AMADOR fils de FRANÇOIS DE LA PORTE, écuyer, seigneur d'Issertieux et de damoiselle LOUISE DE LA PORTE. — Le dit FRANÇOIS fils d'AMADOR DE LA PORTE, écuyer, seigneur d'Issertieux et de damoiselle ANNE DE CHENU. — Le dit AMADOR fils de SIMON DE LA PORTE, écuyer, seigneur d'Issertieux et de damoiselle CHARLOTTE DE

NERY. — Et le dit SIMON fils de PIERRE DE LA PORTE, écuyer, seigneur d'Issertieux et de damoiselle MAGDELEINE DE LA CONDAMINE.

Pour quoi prouver produisent : — Pour PIERRE DE LA PORTE, contrat de mariage de PIERRE DE LA PORTE, écuyer, seigneur d'Issertieux et de damoiselle MAGDELEINE DE LA CONDAMINE, en date du 12 mars 1482, signé *Jalligny*, notaire ;

Pour SIMON DE LA PORTE, contrat de mariage de SIMON DE LA PORTE, écuyer, seigneur d'Issertieux, fils de feu PIERRE DE LA PORTE, chevalier, seigneur d'Issertieux et de damoiselle MAGDELEINE DE LA CONDAMINE avec damoiselle CHARLOTTE DE NERY, en date du 28 août 1519, signé *Bourbonnat*, notaire à Saint-Pierre le Moustier ;

Pour AMADOR DE LA PORTE, contrat de mariage d'AMADOR DE LA PORTE, écuyer, seigneur d'Issertieux, fils de SIMON DE LA PORTE, écuyer, seigneur du dit lieu et de damoiselle CHARLOTTE DE NERY, avec damoiselle ANNE DE CHENU, en date du 8 septembre 1551, signé *Berthomier*, notaire à Bourges ;

Pour FRANÇOIS DE LA PORTE. Lettres de révision obtenues en la grande chancellerie par FRANÇOIS DE LA PORTE, écuyer, seigneur d'Issertieux et damoiselle LOUISE DE LA PORTE, son épouse. Les dites lettres signées : par le conseil *Olier* le 28 septembre 1584. — Sentence rendue en la sénéchaussée de Bourbonnais le 21 mars 1588, par laquelle le sieur de Salles, écuyer, est nommé tuteur des enfants mineurs de défunt FRANÇOIS DE LA PORTE, écuyer, seigneur d'Issertieux, et de LOUISE DE LA PORTE, son épouse. Expediée en parchemin. Signé *Berthomier* ;

Pour AMADOR DE LA PORTE. — Transaction entre PIERRE DE LA PORTE, écuyer, seigneur en partie d'Issertieux, tant pour lui que pour AMADOR DE LA PORTE, écuyer, son neveu, fils et héritier de défunt FRANÇOIS DE LA PORTE et MARC TROUSSEBOIS, écuyer, tant en son nom que comme ayant la garde noble des enfants de lui et de feue MARIE DE LA PORTE, son épouse. En date du 7 décembre 1602. Signé *Sanguessin*, notaire à Chalivoy. — Autre transaction entre le dit AMADOR DE LA PORTE, écuyer, seigneur d'Issertieux et héritier de défunt FRANÇOIS DE LA PORTE, seign. du dit lieu, et de LOUISE DE LA PORTE ses père et mère d'une part, et PIERRE DE LA PORTE, écuyer, seign. de Poulaines et autres lieux d'autre part, au sujet de la reddition d'un compte de tutelle par devant le sieur seneschal de Bourbonnais. La dite transaction passée au dit lieu d'Issertieux le 26 juin 1615, par devant *Cor-*

delier et Menard, notaires. — Contrat de vente par AMADOR DE LA PORTE, écuyer, seign. d'Issertieux et de la Forêt-Grailly, tant pour lui que pour damoiselle FRANÇOISE DE CULANT, son epouse de lui autorisée à très-haut et très-puissant seigneur Mgr Henri de Bourbon, prince de Condé, de la terre, justice et seigneurie de la Forêt Grailly. Passé par devant *Duguet*, notaire à Bourges, le 21 janvier 1621. — Acte de foi et hommage par le dit AMADOR DE LA PORTE, écuyer, seigneur d'Issertieux, à cause des successions de defunts FRANÇOIS DE LA PORTE, écuyer, seign. du dit lieu et damoiselle LOUISE DE LA PORTE, ses père et mère, à Mgr le comte de Sancerre pour les terres de Montifaut et de Vezins. En date du 7 juillet 1632. Signé *Pommier*.

Pour JEAN DE LA PORTE. — Contrat de mariage de JEAN DE LA PORTE, écuyer, seign. d'Issertieux, du Briou et autres lieux, fils de feu AMADOR DE LA PORTE, chevalier, seign. des dits lieux et de dame FRANÇOISE DE CULANT, ses père et mère, avec damoiselle FRANÇOISE DE LONGUEVILLE, le dit contrat passé par devant *Folio et Chevalier*, notaires à Avallon, le 2 septembre 1647. — Autre contrat de mariage du dit JEAN DE LA PORTE, chevalier et seign. d'Issertieux, fils des dits AMADOR DE LA PORTE, chevalier, et de dame FRANÇOISE DE CULANT, ses père et mère, avec damoiselle ELISABETH DE FAVEROLLES, en date du 21 mars 1654, passé par devant *Viot*, notaire à Bleré.

Pour JEAN-FRANÇOIS DE LA PORTE. — Contrat de mariage de JEAN-FRANÇOIS DE LA PORTE, chev., seign. d'Issertieux, fils de JEAN DE LA PORTE, chev., seign. du dit lieu, et de dame FRANÇOISE DE LONGUEVILLE, ses père et mère, avec damoiselle CHARLOTTE COTTIGNON. Passé par devant *Guilain*, notaire à Nevers, le 19 juin 1682.

Pour GUY-FRANÇOIS DE LA PORTE et PIERRE DE LA PORTE, produisants : extraits baptistaires des dits GUY-FRANÇOIS et PIERRE DE LA PORTE, fils de JEAN-FRANÇOIS DE LA PORTE, chevalier seign. d'Issertieux et du Briou, et de dame CHARLOTTE COTTIGNON. Les dits extraits baptistaires du 1er février 1690 et 1er juillet 1695, délivrés par le sieur *Dubois*, curé de la paroisse de Saint-Martin en la ville de Nevers, le 3 janvier 1716. Duement légalisés et signés *Gueneau de Marcay*, assesseur général du bailliage de Nivernais, le 3 janvier 1716.

Pour JOSEPH-BARTHELEMY DE LA PORTE, autre produisant. — Contrat de mariage de JOSEPH-BARTHELEMY DE LA PORTE, chev., seigneur d'Issertieux, fils de feu JEAN DE LA PORTE, chevalier, seigneur du dit lieu, et de dame ÉLISABETH DE FAVEROLLES, avec damoiselle MARGUERITE DE TRIPIERRES. Passé par devant *Douart et Girard*, notaires à Chalivoy, le 21 novembre 1698. — Plus produit le dit sieur JOSEPH-BARTHELEMY DE LA PORTE, les extraits baptistaires de JOSEPH-RENÉ, HENRI-JEAN, et LOUIS DE LA PORTE, enfants de lui et de damoiselle MARGUERITE DE TRIPIERRE, son épouse, les dits extraits baptistaires du 30 août 1699, 28 décembre 1701 et 3 février 1709, signés *Gaucher*, curé de la paroisse de Chalivoy, par lui délivrés le 24 février 1713 duement légalisés par le sieur lieutenant général de Dun-le-Roy, le 20 février. Signé *Berthault.*

Plus produisent les dits sieurs DE LA PORTE. — La bulle du 18 septembre 1565 du grand maître de l'ordre de Saint-Jean de Jérusalem de la commanderie de Bellecombe, au grand prieuré d'Auvergne, pour JEAN DE LA PORTE, chevalier du dit ordre.

M. François Ferrand, qui a pris communication des titres mentionnés au présent inventaire, déclare qu'il ne veut contester la noblesse de GUY-FRANÇOIS DE LA PORTE, seigneur de Briou, PIERRE DE LA PORTE, seigneur du dit lieu, son frère, JOSEPH-BARTHELEMY DE LA PORTE, seigneur d'Issertieux, et JOSEPH-RENÉ, HENRI-JEAN et LOUIS DE LA PORTE, enfants du dit JOSEPH-BARTHELEMY, et qu'il s'en rapporte à ce qu'il plaira à monseigneur l'intendant d'en ordonner. Fait à Bourges, ce 10 janvier 1716. Signé *de Bierne.*

Vu le présent inventaire, les titres y énoncés et le désistement du sieur de Bierne, pour François Ferrand ci dessus.

Nous avons donné acte aux susdits sieurs GUY-FRANÇOIS DE LA PORTE, *de Briou,* PIERRE DE LA PORTE, *son frère,* JOSEPH-BARTHELEMY DE LA PORTE *d'Issertieux et ses enfants ci dessus dénommés, de la représentation de leurs titres, les déclarons nobles et issus de noble race et en conséquence ordonnons qu'ils jouiront, eux et leurs enfants et posterité nés et a naitre en légitime mariage, des priviléges attribués à la noblesse du royaume, tant qu'ils ne feront acte dérogeant et qu'a cet effet les dits sieurs de la Porte seront inscrits au catalogue des gentilshommes de cette généralité qui doit être dressé en exécution de la déclaration du roi du* 16 *février* 1714.

Fait par nous maitre des requêtes et intendant du Berry a Bourges, le 11 *janvier* 1716, *signe* FOULLÉ DE MARTANGIS, *et au dessous, par monseigneur* BELHIEUT.

SOURCES.

La Thaumassière : Histoire du Berry (1 *vol. in-fol.*) Coutumes du Berry, 1 vol.

De Betencourt : Noms féodaux (2 *vol.* in-8).

Armorial manuscrit du Berry (*à la Bibliothèque impériale*).

De la Roque et de Barthélemy : catalogue des gentilshommes qui ont pris part aux assemblées de 1789 pour la convocation des États-généraux (*in-8 en cours de publication*).

Raynal : Histoire du Berry, 5 vol. in-8°. Bourges, Vermeil.

De la Chenay-Desbois : Dictionnaire de la noblesse, T. XI.

Mercure de France : mars 1746.

De Magny : Livre d'or de la noblesse, t. iv. (L'article inséré est, je crois, de M. Amador de la Porte.)

Gallia Christiana (prov. de Bourges).

I. — Etienne de la Porte d'Issertieux et ses ascendants. — Julienne N.

Acte de restitution de l'église de Chalivoy à l'abbaye de Saint-Sulpice de Bourges, par un nommé Raymond, ou Bérault de la Porte est donné comme caution, en date de 1032 (*coté D dans les papiers de famille. Gallia christ.* II, VIII).

Lettres par lesquelles Odon de la Porte engage à Godefroy, abbé de l'église de Saint-Satur, une partie de ses biens à l'effet d'aller en Palestine. En date de 1169 (*coté F dans les papiers de famille entre les mains de Mme de Cotolendy*).

Vente faite par Etienne de la Porte aux religieux de Fontmorigny de tout ce qu'il avait sur la terre d'Orry en 1207 (*manusc. de la biblioth. de Bourges*).

Vente d'un champ à Etienne de la Porte, damoiseau, seigneur d'Issertieux, en 1257 (*entre les mains de Mme de Cotolendy*).

Mention d'Odonnet de la Porte, damoiseau, Guillaume de la Porte, seigneur de Bannegon et Humbault de la Porte aussi chevalier parmi les seigneurs qui jurèrent devant l'archevèque de Bourges de renoncer aux guerres privées en 1261 et 1262 (*cartulaire de l'archevêché de Bourges*).

Acte d'échange fait sous le scel de l'official de Bourges entre Bernard de la Porte, ancien chevalier, et le comte de Sancerre, de certains droits, entre autres celui d'un denier que ledit chevalier avait sur chaque livre de monnaie fabriquée dans le château de Sancerre (*coté V dans les papiers de famille*).

Sentence rendue par la prévôté de Dun-le-Roy au profit de Jean de la Porte, vieil chev. à cause d'Isabeau de Charenton, sa femme, contre Mgr Jean de Sancerre, gendre de ladite Isabeau de Charenton. En date de 1310 (*coté A 1 dans les papiers de famille*).

Extrait de l'ancien terrier de Bannegon, qui montre que les seigneurs de ce nom avaient haute, moyenne et basse justice sur les terres voisines et sont fondateurs du prieuré conventuel de Notre-Dame de Chaumont, où est enterré feu messire Jean de la Porte, dit le Bordon, seigneur de Bannegon, avec cette épitaphe : *Hic jacet dominus Johannes de Porta, miles, dominus de Bannegonio, qui obiit anno Domini* 1311, *die veneris ante festum B. Georgii martyris* (*entre les mains de Mme de Cotolendy*).

Foi et hommage rendu par André de Charres, écuyer à noble homme Huguenin de la Porte, seign. de Champroux. Signé Bergerat, notaire à Charenton en 1374 (*parchemin avec sceau entre les mains de Mme de Cotolendy*).

Contrat de mariage passé sous le scel de la prévôté de Saint-Pierre-le-Moutiers de Huguenin de la Porte, écuyer seigneur de Champroux et Jeanne Dubois. En date de 1378 (*coté LL dans les papiers de famille*).

II. — Hervelin de la Porte d'Issertieux. — Annorde de Seully. — Humbault de la Porte d'Issertieux. — Jeanne de Faye. Etienne de la Porte d'Issertieux.

Lettres sous le scel de l'official de Bourges par lesquelles Humbault de la Porte et Marguerite sa femme, consentent à une vente faite à l'abbaye de Saint-Satur par Philippe de Boisgibaut en 1231 (*coté G dans les papiers de famille*).

Contrat de vente du droit pour la dîme de Chalivoy, appartenant jadis à Etienne de la Porte, chevalier, par Gilbert de Meillant à Hébert de Faye ; lesquels droits ledit acheteur donne à Humbault de la Porte, damoiseau, à cause de Jeanne, fille dudit chevalier de Faye et femme dudit Humbault, damoiseau. Passé à Bourges, en 1257 (*coté M dans les papiers de famille entre les mains de Mme de Cotolendy*).

Lettres sous le scel de l'officialité de Bourges, contenant la vente à l'église de Saint-Satur des fiefs que Humbault de la Porte tenait de Geoffroy de Paludel, chevalier, en 1269 (*coté O dans les papiers de famille*).

III. — Perrin de la Porte d'Issertieux. — Isabelle Ségaut de Teneuille. — Simon de la Porte d'Issertieux, abbé et Jean son frère. — Etienne de la Porte d'Issertieux.

Donation en forme de testament de Huguenin de la Porte, écuyer, seigneur de Boismervier, à Jean de la Porte des Rauches et Jean de la Porte d'Issertieux, ses cousins damoiseaux. Passé par Jean Bergerat, notaire dans le ressort de Bourges en 1259 (*coté N dans les papiers de famille entre les mains de Mme de Cotolendy*).

Testament de Jean de la Porte sous le scel de l'officialité de Bourges, par lequel il demande à être enterré en l'église de Notre-Dame de Chaumont, qui est la sépulture de sa famille, en 1282 (*coté Q dans les papiers de famille entre les mains de Mme de Cotolendy*).

Partage des biens paternels, maternels et autres sous le scel de la cour de Dun-le-Roy, entre Etienne de la Porte, damoiseau, fils de défunt Etienne de la Porte, chevalier, d'une part, et Perrin de la Porte, fils d'Hervelin, damoiseau, cousins germains. De l'an 1291 (*coté Y dans les papiers de famille entre les mains de Mme de Cotolendy*).

Acte d'acquisition pour Perrin de la Porte, damoiseau, fils de feu Hervelin et d'Annorde. Passé sous le scel de Bourges, en 1294 (*coté Z dans les papiers de famille*).

IV. — Perrin de la Porte d'Issertieux. — Marguerite de Veurre ou Venero. — Jean de la Porte d'Issertieux. — Simonne d'Anglade.

Contrat de mariage de Jean de la Porte, fils de Perrin, avec Simonne d'Anglade ou Auvate, en 1326 (*entre les mains de Mme de Cotolendy*).

Échange fait entre Jean et Perrin de la Porte, damoiseaux, frères d'une part, et religieux homme frère Simon de la Porte, prieur du monastère de Notre-Dame de Chaumont, d'autre part, par lequel celui-ci donne aux damoiseaux un moulin, un étang appelé l'étang d'Issertieux, et une rente de grains assignée sur l'hôtel d'Issertieux appartenant aux damoiseaux, et ceux-ci cèdent audit prieur une dîme à prendre au village de Villez. En date du lundi après le dimanche de Reminiscere 1337. Signé : Guillaume Artaud, notaire à Cenquoins (*cité dans les preuves pour Metz présentées lors de la reception de Suzanne à ce chapitre*).

Testament de Jean de la Porte d'Issertieux en 1348 (*entre les mains de Mme de Cotolendy*).

Partage fait entre Marguerite de Veurre, femme de Perrin de la Porte, de l'autorité de son mari, et Catherine de Veurre, damoiselle, sa sœur, femme de Jean de Daniou, aussi autorisée de son mari, des biens immeubles de leurs père et mère, par lequel Marguerite a pour sa part l'hôtel et manoir de Boisberruyer, en date du jeudi après Saint-Laurent 1343. Signé : Fulchier (*cité dans les preuves pour Metz*).

V. — Jean de la Porte d'Issertieux. — Isabeau Gaspias. — Jeanne de Troussebois. — Philippe de la Porte. — Jean de Troussebois. — Jean de la Porte.

Partage fait des biens meubles et immeubles de la succession de feu Perrin de la Porte, damoiseau, entre Jean de la Porte son fils et Philippe de la Porte sa fille, femme de Jean Troussebois, seigneur d'Arlarde, par lequel Jean a pour sa part les hôtels de Pierry et de Boisberruyer et la succession de feu Jean de Tisseuil; et la demoiselle Philippe, des héritages situés à Lorou et à Lussant. En date du 16 juillet 1369, signé, Gloloï ? notaire (*cité dans les preuves pour Metz*).

Retrait fait par Jean de la Porte, seigneur de Pierry, damoiseau, de l'hôte d'Issertieux, que feu Jean de la Porte, aussi damoiseau, son cousin germain, a légué à vie par testament, à Denis de Beaumont, autre cousin, le retrait fait moyennant une rente viagère de 19 francs d'or. En date du mercredi après les brandons 1388, signé Tarentin, notaire, du sceau de Bourbonnais (*cité dans les preuves pour Metz*).

Lettre royale adressée au bailly de Saint-Pierre-le-Moustier, donnée sur la requête de Jean de la Porte, écuyer, expositive que Guichard et Jehan de Châteaumorand, écuyers, ont voulu l'expulser d'un manoir d'Issertieux, à lui advenu par la mort de Jean de la Porte, son cousin germain, par laquelle le roi ordonne de le mettre sous la sauvegarde de sa majesté, en date de Paris, 30 juillet 1389, signé par le roi Maulore (*cité dans les preuves pour Metz : entre les mains de Mme de Cotolendy*).

Jean de la Porte, écuyer, seigneur d'Issertieux, est nommé comme possédant la moitié de la terre et seigneurie de Pontcharraud, le terrage du grand et petit Reux, en 1396 dans les *noms féodaux*. (*Voir aux archives de l'Empire, Aynay, rôle* 462, p. 380, *rôle* 463, p. 14.)

Dénombrement des terres d'Issertieux et de Pierry, donné le 12 juillet 1403, par noble écuyer Jean de la Porte, seigneur d'Issertieux et M. Aubert, écuyer, seigneur de Saint-Quentin et Blet, signé Fusquié notaire (*entre les mains de Mme de Cotolendy*).

Transaction entre noble homme Jean de la Porte, seigneur d'Issertieux, et Isabeau Gaspiase, son épouse, d'une part, et Jean de la Porte écuyer, leur fils aîné et Jeanne de Molins, sa femme, fille de Philippe écuyer, d'autre part par laquelle ladite dame renonce aux avantages de communauté entre elle et ses beau-père et belle-mère, moyennant la remise à elle faite par eux d'une partie de sa dot, en date du 9 juillet 1407, signé Jacquet, notaire (*cité dans les preuves pour Metz*).

Hommage rendu à monseigneur le duc de Bourbonnais, par noble homme Jean de la Porte, écuyer, seigneur d'Issertieux, de son manoir et hôtel de Boisberruyer, en la paroisse de Bannegon, en date du 18 juin 1411, signé Sucquet, notaire (*cité dans les preuves pour Metz; entre les mains de Mme de Cotolendy*).

Testament de noble homme Jean de la Porte, écuyer, seigneur d'Issertieux, par lequel il désigne sa sépulture au chapitre de Chaumont avec ses prédécesseurs, fait divers legs pieux aux ordres mendiants de Bourges et aux églises de Notre-Dame du Puy et de Chalivoy, et nomme Odart, son 2e fils, tuteur des enfants de son aîné, en date du 27 avril 1417, signé Sucquet, notaire à Cenquoins (*cité dans les preuves pour Metz ; entre les mains de Mme de Cotolendy*).

VI. — Jean de la Porte. — Jeanne de Molins. — Odart de la Porte d'Issertieux. — Marguerite de Mauvoisin. — Pierre de la Porte. — Catherine de la Porte. — Jean Segaud. — Louise de la Porte. — Jean d'Aloigny. — Philippe de Mauvoisin.

Lettre de souffrance donnée par l'officier des comptes du duc de Bourbonnais à Odant de la Porte, tant pour lui que pour sa sœur et comme tuteur de Philippon, Jeanne et Pierre enfants de feu Jean de la Porte son frère, pour faire hommage de leur bien et terre d'Issertieux à eux avenue par le décès de feu Jean leur père, en date du 9 juillet 1417, signé Duguet (*cité dans les preuves pour Metz : entre les mains de Mme de Cotolendy*).

Contrat de mariage de Odard de la Porte, fils de Jean et de Jeanne de Troussebois, avec Marguerite de Mauvoisin, de 1420 (*entre les mains de Mme de Cotolendy*).

Contrat de mariage de Jean Segault, seigneur de la Jaugerai, avec Catherine de la Porte, de 1424 (*entre les mains de Mme de Cotolendy*).

Lettres de retenue de l'office de pannetier du roi, accordées par sa majesté à son bien amé *Odard* de la Porte, seigneur de *Sartieux*, en considération des services qu'il lui a rendus dans ses guerres, en date d'Issoudun 4 novembre 1424, signé par le roi Francoi et scellé (*cité dans les preuves pour Metz : entre les mains de Mme de Cotolendy*).

Lettres royaux, accordés à Odart de la Porte, écuyer, seigneur d'Issertieux, pannetier du roi, pour être maintenu en la possession d'une dîme et vignobles du Collombiet, en date de Bourges, le 2 août 1426 (*cité dans les preuves pour Metz : entre les mains de Mme de Cotolendy*).

Vente faite par noble homme Odart de la Porte, écuyer, seigneur d'Issertieux, à Jean de Bougié, écuyer, de l'hôtel de Pierry et les appartenances, situé paroisse de Charly, moyennant 200 livres d'or vieux, en date du 25 août 1432, signé Jean de Bourges, notaire à Cenquoins (*entre les mains de Mme de Cotolendy*).

Lettre du roi, par laquelle sa majesté maintient son bien amé pannetier Odart de la Porte, écuyer seigneur d'Issertieux, dans l'office de capitaine de Lespau et chatellenie de Combrailles, que le comte de Montpensier et feu la dauphine d'Auvergne son épouse, lui ont donnés, en date du 16 novembre 1436, signé pour le conseil : de la Garde (*cité dans les preuves pour Metz : entre les mains de Mme de Cotolendy*).

Foi et hommage et dénombrement rendu par noble écuyer Odart de la Porte, seigneur d'Issertieux, pour les terres, la tour et la forteresse à Antoine de Saint Quentin, seigneur de Blet en 1441 (*entre les mains de Mme de Cotolendy*).

Vente faite par noble dame Marguerite Maulvesine, veuve de *Hodart* de la Porte, écuyer, seigneur d'Issertieux. et par noble homme Jean, écuyer, fils dudit défunt à noble homme Jean Guitois, seigneur d'Arquin, d'une rente de 20 livres tournois, moyennant 200 écus d'or, en date du 7 septembre 1450, signé Pierre Merlin et Morne, notaires (*cité dans les preuves pour Metz : entre les mains de Mme de Cotolendy*).

VII. — Jean de la Porte d'Issertieux. — Jeanne Guitois d'Arquin. — Philibert de la Porte. — N. Maréchal. — Philippon de la Porte. — Jeanne de la Porte. — Pierre de la Porte des Deux-Lions.

Contrat de mariage de Jehan de la Porte, fils de Odart de la Porte, seigneur d'Issertieux, et de Marguerite Mauvesine, avec Jeanne Guitois, fille de Jehan et d'Annette de Chavainhac, en date du 20 mai 1435 (*cité dans la maintenue de 1669 ; entre les mains de Mme de Cotolendy*).

Lettre de Charles, duc d'Orléans et de Valois, par laquelle, sur le rapport qui lui a été fait de la loyauté, noblesse et preudhomie de son bien amé écuyer Jehan de la Porte, il lui permet de porter son ordre du Camail auquel pend le porc-épic, en date du pénultième février 1441. Signé par Mgr le duc (*cité dans les preuves pour Metz : entre les mains de Mme de Cotolendy*).

Vente faite à noble homme Jean de la Porte, écuyer, seigneur d'Issertieux, fils et héritier de feu noble homme Odard de la Porte, écuyer, seigneur du même lieu par Loïs et Estienne Segault, frères, écuyers, seigneur de la Vaurilles, ses cousins germains, d'une rente de 100 sols, en date du 14 septembre 1456, signé Sucquet, notaire à Cenquoins (*cité dans les preuves pour Metz*).

Retrait exercé par noble homme Jean de la Porte, écuyer, fils et héritier de feu noble homme Odart de la Porte, écuyer, seigneur d'Issertieux, sur noble homme Jean de Baugis, écuyer, d'une rente de 5 écus d'or que son père avait constituée pour prêt de la somme nécessaire à sa rançon, en date du 29 mai 1459. Signé Sucquet, notaire à Cenquoins (*cité dans les preuves pour Metz : entre les mains de Mme de Cotolendy*).

Hommage rendu par honnête homme Guillaume Lagerde, marchand à la Charité, à noble homme messire de la Porte, chevalier, seigneur de Vaulges, Pesselières et les Deux-Lions, en date de 1462, signé Linet, procureur général de la vicomté de Sancerre (*entre les mains de Me de Cotolendy*).

Lettre de retenue en l'office d'écuyer d'écurie du roi, accordée par sa majesté à son bien amé Jean de la Porte, homme d'armes, de ses ordonnances, auprès de son très-cher et bien amé fils, amiral de France, en date du 10 avril 1470, avant Pâques, signé par le roi : Maurin (*cité dans les preuves pour Metz ; entre les mains de Mme de Cotolendy*).

VIII. — Pierre de la Porte d'Issertieux. — Magdeleine de la Condamine. — Marguerite de la Porte. — Philippe de la Marche. — Charles de la Porte. — Claude de la Porte des Deux-Lions.

Contrat de mariage entre Pierre de la Porte, écuyer, seigneur d'Issertieux, et damoiselle Magdeleine de la Condamine, fille de Jehan écuyer, seigneur du Bouchat, du 12 mars 1482, signé Jalligny, notaire (*cité dans les maintenues de* 1669 *et* 1716 *: entre les mains de Mme de Cotolendy*).

Transaction entre noble homme Pierre de la Porte, écuyer d'écurie du duc de Bretagne, seigneur d'Issertieux, fils de feu noble homme Jean de la Porte et de Jeanne Guitoise, d'une part, et noble homme Charles de la Porte, écuyer, conseiller et maître des requêtes du roi frère dudit seigneur, au sujet de la succession paternelle, en date du 15 mars 1482, signé Malouche, notaire à Cenquoins (*cité dans les preuves pour Metz : entre les mains de Mme de Cotolendy*).

Hommage rendu au roi par Pierre de la Porte, de la terre et seigneurie de Neaufle-le-Chatel en Bretagne, en date du 2 décembre 1488, signé pour le roi : Ragueneau (*cité dans les preuves pour Metz : entre les mains de Mme de Cotolendy*).

Bulle du pape Innocent VIII, autorisant Pierre de la Porte d'Issertieux, au droit de chapelle, et à se faire absoudre des cas réservés par un confesseur de son choix, en 1492 (*entre les mains de Mme de Cotolendy*).

Lettre de retenue de l'état et office de maître d'hôtel ordinaire du roi, accordée par sa majesté Charles VIII à son cher et bien amé Pierre de la Porte, écuyer, seigneur d'Issertieux, en considération de ses services, en date de Loches, le 23 février 1493 et signé par le roi : Cotereau. — Au dos est la prestation de serment faite pour ladite charge le 25 du même mois, signé Robert controleur (*cité dans les preuves pour Metz : entre les mains de Mme de Cotolendy*).

Lettres de sauvegarde, accordées par le roi (Charles VIII) à son amé et féal conseiller, maître d'hôtel ordinaire, Pierre de la Porte, écuyer, seigneur d'Issertieux, datées de Moulins, le 13 novembre 1494, et signées pour le roi : Villebrenne (*entre les mains de Mme de Cotolendy*).

Quittance donnée par noble homme Claude de la Porte, seigneur de Saint-Georges-sur-Molon et de Deux-Lions, à noble homme Charles de Francières, écuyer, de la somme de 20 livres, en date du 4 août 1498, signé Julien, clerc juré du roi (*entre les mains de Mme de Cotolendy*).

Lettre d'État pour Pierre de la Porte, comme écuyer ordinaire des écuries du roi Louis XII, du 24 novembre 1498 (*entre les mains de Mme de Cotolendy*).

IX. — Simon de la Porte d'Issertieux. — Charlotte de Néry. — Pierre de la Porte, évêque. — Gilbert de la Porte d'Augy. — Gilbert de Franchières. — Joseph de la Porte. — Jeanne de la Porte. — Antoine de la Roche-Chaudry. — Gabriel de la Porte, pronotaire. — Marie de la Porte. — Chatard de Colonges.

Accord dressé entre nobles hommes Simon, Gilbert et Gabriel de la Porte frères, fils de feu Pierre de la Porte écuyer, seigneur d'Issertieux, maître d'hôtel du roi, et damoiselle Magdeleine de la Condamine, et noble Antoine de la Roche-Chaudry, et Jeanne de la Porte son épouse, sœur de Simon, Gilbert et Gabriel, relativement à la succession paternelle, en date du 23 décembre 1511, signé Pierre Grenarié, notaire à Blois (*cité dans les preuves pour Metz*).

Contrat de mariage d'Antoine de la Roche Chaudry, écuyer, sieur de Prie, et demoiselle Jeanne de la Porte, du 23 décembre 1511 (*entre les mains de Mme de Cotolendy*).

Lettre d'Adrien de Boisy, cardinal de Sainte-Sabine, légat du Saint-Siége, portant dispense en faveur de noble Simon de la Porte du diocèse de Bourges, et de noble Charlotte de Néry, du diocèse de Nevers, du neuvième degré de consanguinité, pour contracter mariage, en date du 20 octobre 1519, signé Chabanier et de Brie, (*cité dans les preuves pour Metz : entre les mains de Mme de Cotolendy*).

Contrat de mariage de Simon de la Porte, écuyer, seigneur d'Issertieux, fils de feu Pierre de la Porte, chevalier, seigneur d'Issertieux, et de damoiselle de la Condamine, avec Charlotte de Néry, fille de feu François, maître d'hôtel du comte de Nevers et capitaine du château de Montenoison et de Jeanne de la Verne sa veuve, en date du 28 octobre 1519, signé Bourbonnat, notaire à Saint-Pierre-le-Moutier (*cité dans la maintenue de 1716 : entre les mains de Mme de Cotolendy*).

Titre relatif à Pierre de la Porte d'Issertieux, évêque de Rieux, en 1525 (*entre les mains de Mme de Cotolendy*).

Passe-port donné à M. Gilbert de la Porte, par M. de Madot, gouverneur de Lyon, son cousin, en 1526 (*entre les mains de Mme de Cotolendy*).

Quittance donnée par Etiennette, veuve de Charlot Foucaud, demeurant à Sansergues, à noble homme Gilbert de la Porte, écuyer, seigneur d'Augy, de la somme de 100 livres tournois, pour prix d'un certain héritage, en date du 6 juin 1532, signé Cognet, notaire à Sansergues (*entre les mains de Mme de Cotolendy*).

Aveu rendu par noble homme Simon de la Porte, écuyer, seigneur d'Issertieux, à Charles de Levis, écuyer, seigneur de Poligny, de la terre et seigneurie de Chaffault qu'il tient en fief lige et hommage, en date du 1er janvier 1538, signé Jean Benoist, notaire à Cenquoins (*cité dans les preuves pour Metz : entre les mains de Mme de Cotolendy*).

Acte de foi et hommage rendu par Simon de la Porte, écuyer, seigneur d'Issertieux, pour ladite terre, à messire de Saint-Quentin de Blet, du 12 septembre 1540, signé Tagillet (*cité par la maintenue de 1669, entre les mains de Mme de Cotolendy*).

X. — Amador de la Porte d'Issertieux. — Anne de Chenu. — Jean de la Porte, chevalier de Malte. — François-Joseph de la Porte. — Christophe de la Porte. — Jacquette de la Porte. — Jeanne de la Porte. — N. Chaud. — Guichard de la Porte d'Augy. — Louise de la Couldre. — Georgette de la Porte. — Gilbert de Marcassat.

Contrat de mariage d'Amador de la Porte, écuyer, seigneur d'Issertieux et de damoiselle Charlotte de Néry, avec damoiselle Anne de Chenu, fille de Pierre, écuyer, seigneur du Sochot, et de Anne de Vairère, en date du 4 juillet 1551, dans lequel sont nommés Jean, Joseph, Jacquette, Jeanne et autres sœurs religieuses, signé Berthomier, notaire à Bourges (*cité dans la maintenue de 1716 : entre les mains de Mme de Cotolendy*).

Cession faite par Charlotte de Néry, veuve de Simon de la Porte, écuyer, seigneur d'Issertieux, à Amador de la Porte, son fils, de tous les droits qu'elle a sur ladite seigneurie d'Issertieux, à titre de douaire, en date du 17 novembre 1557 (*cité dans les preuves pour Metz : entre les mains de Mme de Cotolendy*).

Quittance de Joseph de la Porte à Amador de la Porte, seigneur d'Issertieux, de 1000 livres tournois que celui-ci lui a payées en exécution d'une clause du contrat de mariage d'Amador avec Anne de Chenu, en date du 2 septembre 1559, signé Cousin, notaire royal (*cité dans les preuves pour Metz*).

Lettre du roi François II à Amador de la Porte d'Issertieux, en 1560 (*entre les mains de Mme de Cotolendy*).

Bulle du grand maître de l'ordre de Saint-Jean de Jérusalem, Jean de la Valette, qui confère la commanderie de Bellecombe à Jean de la Porte, chevalier dudit ordre, en date du 18 septembre 1565 (*entre les mains de Mme de Cotolendy*).

Aveu rendu par Amador de la Porte, écuyer, seigneur d'Issertieux, à messire Claude de Levis, chevalier, gentilhomme ordinaire de la chambre du roi pour la terre et seigneurie du Chaffault, en date du 2 septembre 1568, signé Jean Pierre (*cité dans les preuves pour Metz*).

Lettre du roi Charles IX, à François de la Porte d'Issertieux, en 1570 (*entre les mains de Mme de Cotolendy*).

Lettre de retenue de l'état de gentilhomme ordinaire de la chambre de M. le duc d'Alançon, fils et frère du roi, accordée par le prince à son cher et bien amé Amador de la Porte, en récompense des bons services qu'il lui a rendus au fait des guerres, daté du bourg de Solignac, le 10 février 1576, signé François et Dedoise (*cité dans les preuves pour Metz : entre les mains de Mme de Cotolendy*).

Lettre de la reine Marguerite à Amador de la Porte d'Issertieux, de 1582 (*entre les mains de Mme de Cotolendy*).

XI. — François de la Porte d'Issertieux. — Louise de la Porte d'Augy. — Pierre de la Porte de Poulaines. — Madeleine Couraud de Chevry. — Marie de la Porte. — Marc de Troussebois. — N. de la Porte. — N. de Saint-Martin.

Contrat de mariage de François de la Porte, écuyer, fils de feu noble homme Amador de la Porte, écuyer, seigneur d'Issertieux, et de damoiselle Anne de Chenu avec Louise de la Porte, fille de feu noble homme Gilbert de la Porte, seigneur de Briou, et de Louise de la Coudre, en date du 6 août 1583. Signé : Archambault, notaire à Saint-Pierre-le-Moustier (*entre les mains de Mme de Cotolendy*).

Sentence du lieutenant de baillage du Berry, rendue entre François de la Porte, écuyer, seigneur d'Issertieux et du Briou d'une part, et le procureur du roi, sur la saisie de la terre et seigneurie du Briou, fait sur ledit seigneur d'Issertieux, accusé d'être de la nouvelle opinion, en date du 19 décembre 1583. Signé Favreau (*cité dans les preuves pour Metz*).

Sauvegarde donnée par le roi Henri III à son cher et bien amé François de la Porte, écuyer, seigneur d'Issertieux, gentilhomme servant de son frère le roi de Navarre, en date de Paris, 15 mai 1584. Signé par le conseil : Guillaudet (*cité dans les preuves pour Metz : entre les mains de Mme de Cotolendy*).

Maintenue.—Lettres de révision obtenues en la grande chancellerie par François de la Porte, écuyer, seigneur d'Issertieux, et dame Louise de la Porte, son épouse, en date du 28 septembre 1584. Signé par le conseil : Olier (*cité dans la maintenue de 1716 : égaré*).

Lettres patentes de gentilhomme ordinaire de la chambre du roi Henri III pour François de la Porte, en date du 19 décembre 1585 (*entre les mains de Mme de Cotolendy*).

Transaction entre Claude de Saint-Quentin, seigneur de Blet, et François de la Porte, écuyer, sieur d'Issertieux, par laquelle il est déchargé du droit de fief qui était prétendu par le seigneur de Blet (*cité dans la maintenue de 1669*).

Acte de foy et hommage rendu en la chatellenie d'Ainay par François de la Porte, écuyer, sieur d'Issertieux, où il est qualifié gentilhomme servant du roi (*cité dans la maintenue de 1669*).

Sentence rendue en la sénéchaussée de Bourbonnais par laquelle le sieur de Salles, écuyer, est nommé tuteur des enfants mineurs de défunt François de la

Porte, écuyer, seigneur d'Issertieux, et de Louise de la Porte, son épouse, en date du 21 mars 1588. Signé Berthomier (*cité dans la maintenue de* 1716).

Acte de tutelle en la sénéchaussée et siége présidial du Bourbonnais des enfants mineurs de François de la Porte, écuyer, seigneur d'Issertieux, et de Louise de la Porte, ainsi que de Pierre de la Porte, frère et pupille du feu seigneur d'Issertieux, en date du 21 mars 1588. Signé Berthomier (*cité dans les preuves pour Metz*).

XII. — Amador de la Porte d'Issertieux. — Françoise de Culant. Jacquette de la Porte. — N. de Colombières.

Acte de tutelle du sieur de Colombière, époux de demoiselle Jacquette de la Porte d'Issertieux, fille de François et de Louise de la Porte, du 21 mars 1588 (*entre les mains de Mme de Cotolendy*).

Transaction entre Pierre de la Porte, écuyer, seigneur en partie d'Issertieux, tant pour lui que pour Amador de la Porte, son neveu, fils et héritier de feu François de la Porte, et Marc de Troussebois, écuyer, tant en son nom qu'en celui des enfants qu'il a eus de Marie de la Porte, son épouse, en date du 7 décembre 1602. Signé Sanguessin, notaire à Chalivoy (*cité dans la maintenue de* 1716 : *entre les mains de Mme de Cotolendy*).

Partage entre Amador de la Porte, fils et héritier de feu François de la Porte, écuyer, seigneur d'Issertieux, et de Louise de la Porte, et Pierre de la Porte, écuyer, seigneur de Poulaines et autres lieux, sur la reddition d'un compte de tutelle pardevant le sénéchal du Bourbonnais, en date du 11 avril 1615. Signé Cordellier et Menard, notaires (*cité dans les maintenues de* 1669 *et de* 1716).

Contrat de mariage d'Amador de la Porte, écuyer, seigneur d'Issertieux et de Briou, fils de François de la Porte, écuyer, seigneur dudit lieu, et de damoiselle Louise de la Porte, avec Françoise de Culant, fille de François, seigneur de la Forêt-Grailly, et de feu Charlotte de Grailly, en date du 3 juillet 1616. Signé Rougier, notaire (*entre les mains de Mme de Cotolendy*).

Contrat de vente par Amador de la Porte, écuyer, seigneur d'Issertieux et de la Forêt-Grailly, tant pour lui que pour la dame Françoise de Culant, son épouse, à Mgr Henri de Bourbon, prince de Condé, de la terre justice et seigneurie de la Forêt-Grailly, en date du 21 janvier 1621. Signé Duguet, notaire à Bourges (*entre les mains de Mme de Cotolendy*).

Commission donnée au nom de Henri de Bourbon, prince de Condé, par le lieutenant-général au siége de Dun-le-Roy, à dame Françoise de Culant, épouse d'Amador de la Porte, chevalier, seigneur d'Issertieux et de la Forêt-Grailly, pour obtenir un monitoire afin d'avoir révélation de la spoliation faite en 1606 de la maison de la Forêt-Grailly, en date du 29 janvier 1626. Signé Cousin (*cité dans les preuves de Metz : entre les mains de Mme de Cotolendy*).

Acte de foi et hommage rendu par Amador de la Porte, écuyer, seigneur d'Issertieux, à cause des successions de feu François de la Porte, écuyer, et dame Louise de la Porte, ses père et mère, à Mgr le comte de Sancerre pour les terres de Montifaut et de Vesins, en date du 7 juillet 1632. Signé Janvier (*cité dans la maintenue de* 1716 : *entre les mains de Mme de Cotolendy*).

Testament mutuel d'Amador de la Porte, écuyer, et damoiselle Françoise de

Culant, son épouse, par lequel ils font le partage de leur fortune entre leurs enfants, en date du 9 octobre 1632 (*cité dans la maintenue de 1669 : entre les mains de Mme de Cotolendy*).

Acte de foi et hommage fait par damoiselle Françoise de Culant, veuve d'Amador de la Porte, en la juridiction ordinaire pour la terre d'Issertieux. Signé Dubuysson et Guillaud (*cité dans la maintenue de 1669*).

XIII. — Jean de la Porte d'Issertieux. — Françoise de Longueville. — Elisabeth de Faverolles. — François de la Porte. — Philibert de la Porte. — Renée de la Porte.

Acte de partage fait par Amador de la Porte, écuyer, sieur d'Issertieux, et damoiselle Françoise de Culant, de leurs biens entre leurs enfants qui étaient pour lors François, Jean et Philibert, du 3 octobre 1632 (*cité dans la maintenue de 1669 : entre les mains de Mme de Cotolendy*).

Certificat de messire Louis de Gimel, chevalier, seigneur de Saint-Aubin, mestre de camp d'un régiment de 1,000 hommes de pied, en garnison à Péronne, portant que François de la Porte, écuyer, seigneur d'Issertieux, est dans son régiment comme enseigne, en date du 20 juin 1635 (*entre les mains de Mme de Cotolendy*).

Déclaration de la dame Françoise de Culant, veuve d'Amador de la Porte, écuyer, seigneur d'Issertieux, tant en son nom que comme tutrice de ses enfants, portant que ses fils François et Philibert sont au service de Sa Majesté, et requérant d'être déchargée de quelque impôt, en date du 7 septembre 1635. Signé Dubuysson, lieutenant particulier en Bourbonnais (*entre les mains de Mme de Cotolendy.*)

Extrait d'un des cahiers de ban et arrière-ban de la province de Bourges, par lequel M. Poubeau, procureur, déclare devant messire Claude Briet, seigneur de Maubracher, lieutenant-général, que François et Philibert de la Porte sont au service de Sa Majesté, en date du 1er septembre 1635. Signé Briet et Maillé (*entre les mains de Mme de Cotolendy*).

Congé donné par Gaston d'Orléans au sieur d'Issertieux pour passer librement avec ses valets, armes, chevaux et bagages, s'en retournant chez lui après avoir servi volontaire près de sa personne pendant le siége de Gravelines. Daté du camp, le 5 août 1644. Signé Gaston, et par Mgr de Fromont (*entre les mains de Mme de Cotolendy*).

Contrat de mariage de Jean de la Porte, chevalier, seigneur d'Issertieux, du Briou et autres lieux, fils de feu Amador de la Porte et de dame Françoise de Culant, avec Françoise de Longueville, fille de François, chevalier, seigneur de Domerey, maître d'hôtel du roi, et de Françoise Filxieau, en date du 2 septembre 1647. Signé Filio et Chevalier, notaires à Avallon (*cité par les maintenues de 1669 et 1716 : entre les mains de Mme de Cotolendy*).

Autre contrat de mariage du dit avec Elisabeth de Faverolles, fille de feu Joseph, chevalier, seigneur de Bléré, et de dame Claude de Rigné, sa veuve, actuellement femme de messire François de Bérard, seigneur de la Croix, en date du 21 mars 1654. Signé Viot, notaire à Bléré (*cité par les maintenues de 1669 et 1716 : entre les mains de Mme de Cotolendy*).

Transaction passée à Bourges sur le partage des immeubles de la succession de feu messire Jean de la Porte, chevalier, seigneur d'Issertieux, entre dame Elisabeth de Faverolles, tant en son nom que comme tutrice de ses enfants mineurs d'une part, messire Jean-François de la Porte, chevalier, seigneur d'Issertieux et de Briou, fils aîné du premier lit d'autre part, et messire François de Faverolles, chevalier, seigneur du Plessis, au nom de Madeleine de la Porte, son épouse, en date du 7 décembre 1673. Signé Philippot Ragueneau, notaires (*cité dans les preuves pour Metz*).

XIV. — Jean-François de la Porte de Briou. — Charlotte Cottignon. — Madeleine de la Porte. — François de Faverolles. — Barthélemy-Joseph de la Porte d'Issertieux. — Marguerite de Tripierre. — Marthe de la Porte. — Pierre de la Porte. — Catherine de la Porte, religieuse. — François de la Porte.

Extrait de baptême de Jean-François de la Porte, fils de Jean, chevalier, seigneur d'Issertieux, et de Françoise de Longueville, né le 16 août 1649 (*cité dans la maintenue de* 1669).

Extrait de baptême de Barthélemy-Joseph de la Porte, fils de messire Jean de la Porte, chevalier, seigneur d'Issertieux, et de dame Elisabeth de Faverolles, né le 12 juin 1658, délivré le 21 mars 1702. Signé Gaucher, curé (*cité par les maintenues de* 1669 *et* 1716 *: entre les mains de Mme de Cotolendy*).

Extrait de baptême de François de la Porte, fils de feu Jean de la Porte, chevalier, seigneur d'Issertieux, le Briou, Breviande, et de damoiselle Elisabeth de Faverolles, né le 14 mars 1663. Signé Montagu, curé (*cité dans les maintenues de* 1669 *et* 1716).

Contrat de mariage de François de Faverolles, chevalier, seigneur du Plessis Limerai, avec Madeleine de la Porte, fille de Jean vivant, chevalier, seigneur et baron d'Issertieux, et de Françoise de Longueville, en date de 1666 Signé Prevot, notaire à Avallon (*entre les mains de Mme de Cotolendy*).

Maintenue. — Copie d'une maintenue de noblesse en papier délivrée par M. Tubeuf, commissaire royal, à Jean-François, Barthélemy-Joseph, et François de la Porte d'Issertieux frères, le 22 janvier 1669 (*entre les mains de Mme de Cotolendy*).

Ordre de M. le prince de Marcillac, gouverneur du Berry, à Jean-François de la Porte, écuyer, seigneur d'Issertieux, le Briou, Augy, de se mettre incessamment en état de servir dans le ban et arrière-ban de la province, en date de Bourges, 27 août 1674. Signé Marcillac (*entre les mains de Mme de Cotolendy*).

Certificat de Pierre de Bar, chevalier, seigneur de Burenbure, commandant le 2e escadron du ban du Berry, constatant que le sieur de la Porte d'Issertieux, écuyer, seigneur du dit lieu, a fidèlement servi jusqu'à la révocation du ban, en date de Joinville, le 27 novembre 1674. Signé de Bar (*cité dans les preuves de Metz*).

Transaction passée entre Jean-François de la Porte, chevalier, seigneur d'Issertieux et le Briou, de concert avec François de Faverolles, seigneur du Plessis, son beau-frère, par laquelle il abandonne à dame Elisabeth de Faverolles et à ses enfants la terre d'Issertieux, en date du 7 octobre 1675 (*entre les mains de Mme de Cotolendy*).

Contrat de mariage de Jean-François de la Porte, fils de Jean, chevalier, seigneur d'Issertieux, et de dame de Longueville, avec Charlotte Cottignon, fille de Guy, écuyer, seigneur de Beaumont, et de Marie Robert, en date du 19 juin 1682. Signé Guilain, notaire à Nevers (*cité par la maintenue de* 1716).

Obligation faite par messire Joseph de la Porte, chevalier, seigneur d'Issertieux, et en partie de la paroisse de Chalivoy, tant en son nom que comme donataire de dame Elisabeth de Faverolles, sa mère à son décès femme de Daniel de Saint-Quentin, chevalier, comte de Blet, au couvent de Sainte-Ursule de Blois, de lui payer une rente de 200 livres constituée à son profit par les dits seigneurs et dame comte et comtesse de Blet, en date du 7 septembre 1691. Signé Perrot, notaire à Dun-le-Roi (*cité dans les preuves pour Metz*).

Brevet de capitaine au régiment de Noailles infanterie en faveur du sieur de la Porte d'Issertieux, en 1706. Signé Louis (*entre les mains de Mme de Cotolendy*).

Foi et hommage rendu par Joseph de la Porte, chevalier, seigneur d'Issertieux, au comte de Saint-Quentin de Blet, en 1710 (*entre les mains de Mme de Cotolendy*).

Contrat de mariage de Joseph-Barthélemy de la Porte, chevalier, seigneur d'Issertieux, fils de Jean et de dame Elisabeth de Faverolles, avec Marguerite de Tripierre, fille de Pierre, écuyer, seigneur de Pierry, et de Suzanne Neyret, en date du 21 novembre 1698. Signé Douard et Girard, notaires à Chalivoy (*cité par la maintenue de* 1706 : *entre les mains de Mme de Cotolendy*).

XV. — Guy-François de la Porte de Briou. — Léonarde de Guillon. — Pierre de la Porte. — Catherine de la Porte. — Joseph-René de la Porte d'Issertieux. — Marie-Madeleine-Etienne-Françoise de Faverolles. — Henri-Jean de la Porte de Pierry. — Marguerite Pouthe de la Roche-Aymon. — Louis de la Porte. — Charles de la Porte. — N. Guillot de Maupertuis. — Madeleine de la Porte. — Suzanne-Elisabeth de la Porte. — François-Antoine le Bourgoin.

Extrait de baptême de Guy-François et Pierre de la Porte, fils de Jean-François de la Porte, chevalier, seigneur d'Issertieux et de Briou, et de dame Charlotte Cottignon. Lesdits extraits du 1er février 1690 et 1er juillet 1695, délivrés en date du 3 janvier 1716. Signé Dubois, curé de Saint-Martin de Nevers et légalisé (*cité par la maintenue de* 1716).

Sentence en faveur de Joseph-René de la Porte, fils de Joseph de la Porte, seigneur d'Issertieux, pour l'autoriser à renoncer à la succession de dame Elisabeth de Faverolles, son aïeule. Enregistrée à Dun-le-Roi, le 4 mai 1712. Signé Trétaux (*cité dans les preuves pour Metz : entre les mains de Mme de Cotolendy*).

Extraits de baptême de Joseph-René, Henri-Jean et Louis de la Porte, enfants de Barthélemy de la Porte d'Issertieux et de Marguerite de Tripierre, du 30 août 1699, 28 septembre 1701, et 3 janvier 1709, délivré le 24 février 1713. Signé Gaucher, curé de Chalivoy et légalisé (*cité par la maintenue de* 1716 : *entre les mains de Mme de Cotolendy*).

Maintenue. — Ordonnance de maintenue de noblesse rendue à Bourges par messire Etienne-Hyacinthe-Antoine Foullé, chevalier, seigneur de Martangis, intendant de la généralité de Bourges, sur les titres produits devant lui par Guy-François et Pierre de la Porte, chevaliers, en date du 11 janvier 1716 (*existe à la Bibliothèque impériale, cabinet d'Hozier, et entre les mains de Mme de Cotolendy*).

Contrat de mariage de Guy-François de la Porte, chevalier, seigneur du Briou, y demeurant, paroisse de Saint-Martin-des-Champs, fils de feu Jean-François, chevalier, seigneur d'Issertieux, et de dame Charlotte Cottignon, avec damoiselle Léonarde de Guillon, fille de feu Léonard, chevalier, seigneur de Marmouse, et de Denise de Crenezy, devant Pierre et Catherine, frère et sœur de l'époux, en date du 4 mars 1719. Signé Gentil, notaire à Nevers (*égaré*).

Contrat de mariage de messire René-Joseph de la Porte, chevalier, baron d'Issertieux, seigneur de Chaumont et en partie de Chalivoy-Milon, commissaire de la noblesse du Berry, fils de feu Barthélemy-Joseph, et de feue Marguerite de Tripierre, avec damoiselle Marie-Madeleine-Estienne-Françoise de Faverolles, fille de Antoine-François, chevalier, seigneur de Domerey, et de Marie-Madeleine de Quessé de Valcourt. Passé au Châtelet de Paris, le 8 mars 1737 (*cité dans les preuves pour Metz : entre les mains de Mme de Cotolendy*).

Contrat de mariage de Henri-Jean de la Porte, fils de Barthélemy-Joseph, et de Marguerite de Tripierre, avec Marguerite de Pouthe de la Roche-Aymon (*égaré*).

Transaction passée au Châtelet de Paris entre dame Anne-Thérèse-Pélagie d'Albert de Luynes, veuve de Louis de Guilhem de Castelnau, marquis de Saissac, et dame Marie-Madeleine-Etienne-Françoise de Faverolles, épouse de René-Joseph de la Porte, seigneur d'Issertieux, agissant tant en son nom que comme représentant de François de Faverolles, seigneur du Plessis, et en qualité de concessionnaire des droits de ses frères et sœur, sur le procès pendant au Parlement de Paris au sujet d'une créance de 280,000 livres sur la maison de Castelnau, en date du 15 septembre 1743. Signé Lemoine et Chauvagne, notaires (*cité dans les preuves pour Metz de Suzanne de la Porte*).

Aveu et dénombrement fait au roi par devant le lieutenant général des domaines du Bourbonnais, pour le fief terre justice et seigneurie d'Issertieux, par messire Joseph-René marquis de la Porte d'Issertieux, le 4 mars 1769 (*entre les mains de Mme de Cotolendy*).

Extrait de décès de Louis de la Porte, capitaine d'une compagnie d'invalides en 1780 (*entre les mains de Mme de Cotolendy*).

XVI. — Guy-François de la Porte de Riants. — Bibianne Colbert de Croissy. — Joseph-Antoine-Clair de la Porte d'Issertieux. — Catherine-Étiennette Leveillé du Fournay. — Henri-Charles de la Porte. — Gilbert de la Porte. — Suzanne-Étienne-Renée de la Porte. — Gaspard-Amable de la Porte de Pierry. — Françoise de Barthon. — Amable-Jean-Henri de la Porte. — Marie de la Porte.

Extrait de baptême de Joseph-Antoine Clair, fils de Joseph-René de la Porte d'Issertieux, et de Marie-Françoise de Faverolles, né le 25 juin 1738 (*entre les mains de Mme de Cotolendy*).

Extrait de baptême de Suzanne-Estienne-Renée, fille de Joseph-René, *marquis* de la Porte d'Issertieux, et de dame Marie-Madeleine-Estienne-Françoise de Faverolles, née le 14 décembre 1744. Signé Delsuc, curé, et légalisé (*cité dans les preuves de Metz*).

Certificat de noblesse de Joseph-Antoine de la Porte d'Issertieux pour entrer page, du 10 mai 1749 (*entre les mains de Mme de Cotolendy*).

Substitution de Guy-François de la Porte de Briou, fils d'autre Guy, et de Léonarde de Guillon, guidon des chevau-légers de Bretagne, aux nom et armes du dernier marquis de Riants, capitaine des gendarmes du Berry, brigadier des armées, mort en 1745 (*égaré*).

Contrat de mariage de Guy François de la Porte, comte de Briou, marquis de Riants, baron de Villeray, fils d'autre Guy François, et de Léonarde de Guillon, avec Bibianne Colbert de Croissy, fille de Jean-Baptiste Joachim, marquis de Croissy, lieutenant général des armées, capitaine des gardes de la Porte, et de Françoise de Franquetot, le 21 février 1746 (*entre les mains de Mme de Cotolendy*).

Commission de capitaine en faveur de Joseph-Antoine de la Porte d'Issertieux, du 16 mai 1760 (*entre les mains de Mme de Cotolendy*).

Etats des services du chevalier de la Porte, enseigne de vaisseau du roi, en 1756 (*entre les mains de Mme de Cotolendy*).

Etat des services de Gilbert de la Porte d'Issertieux, lieutenant au régiment de l'Ile de France, en 1761 (*entre les mains de Mme de Cotolendy*).

Preuves de noblesse de Suzanne-Renée de la Porte, remontant à 1400 sans anoblissement connu, pour être reçue au chapitre de Saint-Louis de Metz, en date de 1767 (*se trouve à la Bibliothèque impériale, cabinet d'Hozier*).

Contrat de mariage de Joseph-Antoine de la Porte d'Issertieux, fils de Joseph-René et de Marie-Françoise de Faverolles, avec Catherine-Etiennette Leveillé du Fournay, fille de messire Leveillé du Fournay, seigneur du Fournay, et de Etiennette Paichereau, passé le 25 septembre 1765 (*entre les mains de Mme de Cotolendy*).

Contrat de mariage de Gaspard-Amable de la Porte de Pierry, fils de Henri-Jean et de Marguerite Pouthe, avec Françoise de Barthon, en 1776 (*égaré*).

Lettres du roi pour la croix de Saint-Louis en faveur de Joseph-Antoine de la Porte d'Issertieux, du 22 février 1778 (*entre les mains de Mme de Cotolendy*).

XVII. — Guy-François-Henri de la Porte de Riants. — Catherine-Françoise Beauvarlet de Bomicourt. — Augustin-François-Charles de la Porte. — Adélaïde-Charlotte-Colombe le Pelletier de Saint-Fargeau. — Antoinette-Françoise-Bibianne de la Porte. — Jean-Baptiste-Charles de la Croix-Chevrière. — Adélaïde-Françoise-Charlotte de la Porte. — Amédée-Grégoire de Nozières de Saint-Sauveur. — Adrienne-Félicité de la Porte. — Alexandre Bon de Jupille. — Louis-Joseph-Charles de la Porte d'Issertieux. — Angélique-Henriette Saucière de Tenance. — René-Joseph de la Porte. — Clotilde de Tullier. — Amédée de la Porte. — François-Amable-Amador de la Porte de Pierry. — Pauline Pagès. — Victoire, Mélanie et Cécile de la Porte. — Henriette de la Porte. — N. Terrel.

Extrait de baptême de Guy-François-Henri de la Porte de Briou et de Riants, fils de Guy-François, comte de Briou, marquis de Riants, et de Bibianne Colbert de Croissy, né le 27 mai 1749 (*égaré*).

Extrait de baptême de Louis-Joseph-Charles de la Porte, fils de Joseph-Antoine Clair, marquis de la Porte d'Issertieux, et de Catherine-Etiennette Leveillé du Fournay, né à la Charité-sur-Loire le 5 octobre 1768 (*entre les mains de Mme de Cotolendy*).

Extrait baptistaire de Joseph-René, fils d'Antoine-Joseph Clair, comte de la Porte d'Issertieux, et d'Etiennette Leveillé du Fournay, né à la Charité-sur-Loire le 18 septembre 1776 (*entre les mains de Mme de Cotolendy*).

Contrat de mariage entre Guy-François-Henri de la Porte de Riants, fils de Guy-François et de Bibianne Colbert, avec Françoise Beauvarlet de Bomicourt, en 1778 (*égaré*).

Certificat de l'emploi de page de la petite écurie en faveur de René-Joseph de la Porte d'Issertieux, du 1er avril 1787 (*entre les mains de Mme de Cotolendy*).

Acte de mariage de Louis-Joseph, marquis de la Porte d'Issertieux, avec Angélique-Henriette Saucière de Tenance, du 8 novembre 1802 (*entre les mains de Mme de Cotolendy*).

Contrat de mariage de Augustin-François-Charles de la Porte de Riants, fils de Guy-François et de Bibianne Colbert, avec Colombe le Pelletier de Saint-Fargeau, en 1789 (*égaré*).

Contrat de mariage de Joseph-René de la Porte d'Issertieux, et de Clotilde de Tullier, fille de Pierre et de Thérèse de Bonnefoi, en 1802 (*entre les mains de Mme de Cotolendy*).

Brevet de chevalier de Saint-Louis en faveur de Louis-Joseph-Charles de la Porte d'Issertieux, du 14 novembre 1814. Signé du roi Louis XVIII (*entre les mains de Mme de Cotolendy*).

Brevet de capitaine de cavalerie en faveur de Louis-Joseph-Charles de la Porte d'Issertieux, donné par Louis XVIII (*entre les mains de Mme de Cotolendy*.)

Nomination de Louis-Joseph-Charles de la Porte d'Issertieux à l'emploi de secrétaire général de la préfecture de Bourges, du 1er avril 1816 (*entre les mains de Mme de Cotolendy*).

Testament et acte mortuaire de Guy-François-Henri de la Porte de Riants, époux de Françoise Beauvarlet de Bomicourt, décédé sans enfant en 1835 (*égaré*).

Brevet de commandeur de l'ordre de Charles III d'Espagne en faveur de Louis-Joseph-Charles, marquis de la Porte, donné pendant l'exil du roi d'Espagne à Bourges, en 1844 (*entre les mains de Mme de Cotolendy*).

Testament et acte mortuaire de François-Amable-Amador de la Porte de Pierry, décédé à Alger sans enfant, en 1865 (*égaré*).

XVIII. Charlotte de la Porte de Riants. — Camille de Rougé. Marie-Joseph-Alexandre-Amador de la Porte d'Issertieux. — Louise Panon des Bassyns de Montbrun. — Marguerite-Joséphine-Albertine de la Porte. — Jean-François-Antoine de Cotolendy de Beauregard. — Henriette-Louise-Simonne-Augusta de la Porte. — Godefroy-Stephan Paszkiewicz. — Alexandrine de la Porte. — N. de Ladevèze. — Ernestine de la Porte. — N. Braun. — Clotilde et Antoinette de la Porte.

Extrait de naissance de Marie-Joseph-Alexandre-Amador de la Porte d'Issertieux, fils de Louis-Joseph-Charles, marquis d'Issertieux, et de Angélique-Henriette Saucière de Tenance, né à Bourges en juin 1804 (*entre les mains de Mme de Cotolendy*).

Extrait de mariage de Marguerite-Joséphine-Albertine de la Porte d'Issertieux, avec Jean-François-Antoine de Cotolendy de Beauregard, officier au 7e léger, le 14 novembre 1826 (*entre les mains de Mme de Cotolendy*).

Contrat de mariage de Marie-Joseph-Alexandre-Amador de la Porte, avec Augustine-Louise Panon des Bassyns de Montbrun, fille de N. des Bassyns de Montbrun, receveur général à Bourges, et de Sophie de Vernon, le 9 février 1831 (*entre les mains de Mme de Cotolendy*).

Extrait de mariage de Simonne-Henriette-Augusta de la Porte d'Issertieux, avec Godefroy-Etienne Paszkiewicz, en date de juin 1839 (*entre les mains de M. Paskiewicz*).

Extrait de mariage de Charlotte de la Porte de Riants, fille unique de Augustin-François-Charles et de Colombe le Pelletier, avec Camille de Rougé (*égaré*).

Extrait de mariage de Alexandrine de la Porte, fille de René-Joseph et de Clotilde de Tullier, avec N. de Ladevèze (*entre les mains des intéressés*).

Extrait de mariage de Ernestine de la Porte, fille de René-Joseph et de Clotilde de Tuillier, avec N. Braun (*entre les mains des intéressés*).

Acte mortuaire de Marie-Joseph-Alexandre-Amador de la Porte, décédé sans enfants au château d'Issertieux, en août 1848 (*entre les mains des intéressés*).

Acte mortuaire et partage des biens de Louis-Joseph-Charles de la Porte, marquis d'Issertieux, entre Mme de Cotolendy et Mme Paszkiewicz, ses filles et uniques héritières, en août 1851 (*entre les mains des intéressés*).

ALLIANCES DIRECTES

DE LA FAMILLE.

De Faye, 1247 ?
De Seully ou Sully, 1253.
Segaut de Teneuille, 1289, 1424.
D'Anglade, 1326.
De Veurre ou Venero, 1340?
De Troussebois, 1369? 1395? 1580.
Gaspias, 1388.
De Molins, 1407.
D'Aloigny, 1407 ?
De Mauvoisin, 1420, 1425.
Guitois d'Arquin, 1435.
Maréchal, 1446.
De la Marche, 1460?
De la Condamine, 1482.
De la Roche-Chaudry, 1511 ?
De Néry, 1519?
De Franchières, 1524.
Chatard de Colonges, 1526 ?
De la Couldre, 1550?
De Chaud, 1550.
De Chenu, 1551.
De Marcassat, 1553.
Couraud de Chevry, 1580?
De Saint-Martin, 1582?
De Colombières, 1610?
De Culant, 1616.
De Longueville, 1647.
De Faverolles, 1654, 1666, 1737.
Cottignon, 1682.
De Tripierre, 1698.
De Guillon, 1719.
De Maupertuis, 1730 ?
Le Bourgoing, 1731 ?
Pouthe de la Roche-Aymon, 1740.
Colbert de Croissy, 1746.
Leveillé du Fournay, 1765.
De la Croix-Chevrière, 1775.
De Nozières de Saint-Sauveur, 1776 ?
De Barthon, 1776.
Bon de Jupille, 1777 ?
Le Pelletier de Saint-Fargeau, 1789.
De Tullier, 1802.
Saucière de Tenance, 1802.
Terrel, 1805.
Pagès, 1814.
De Rougé, 1815.
De Cotolendy de Beauregard, 1826.
Panon des Bassyns de Montbrun, 1831.
Paszkiewicz, 1839.
Braun, 1839.
De Ladevèze, 1843.

FIN

Versailles. — Imprimerie BEAU, rue de l'Orangerie, 36.

www.ingramcontent.com/pod-product-compliance
Lightning Source LLC
LaVergne TN
LVHW050543100826
845148LV00002B/668

* 9 7 8 2 0 1 2 6 6 2 0 6 3 *